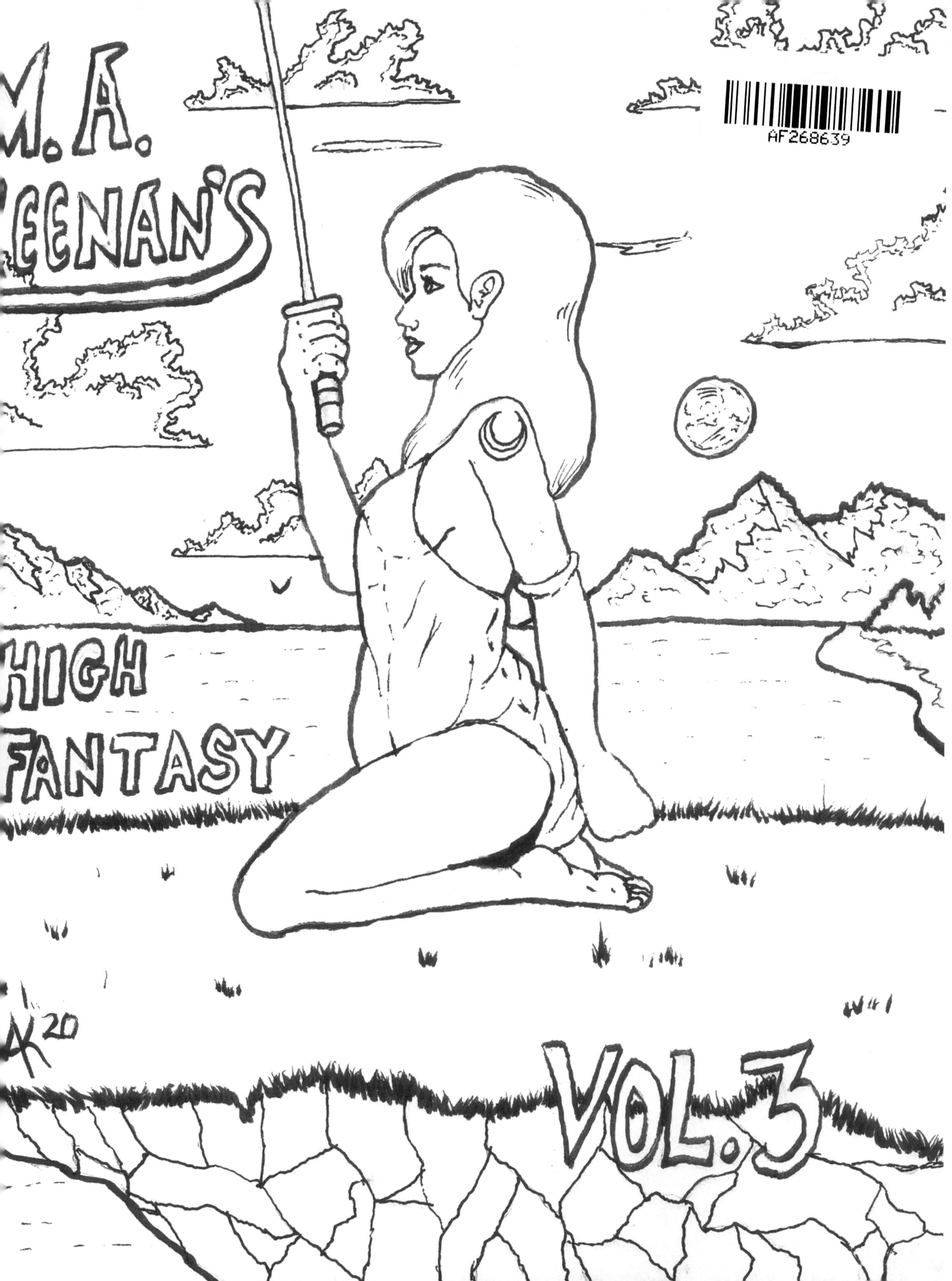

M. A.
KEENAN'S
HIGH
FANTASY
VOL. 3
AF268639

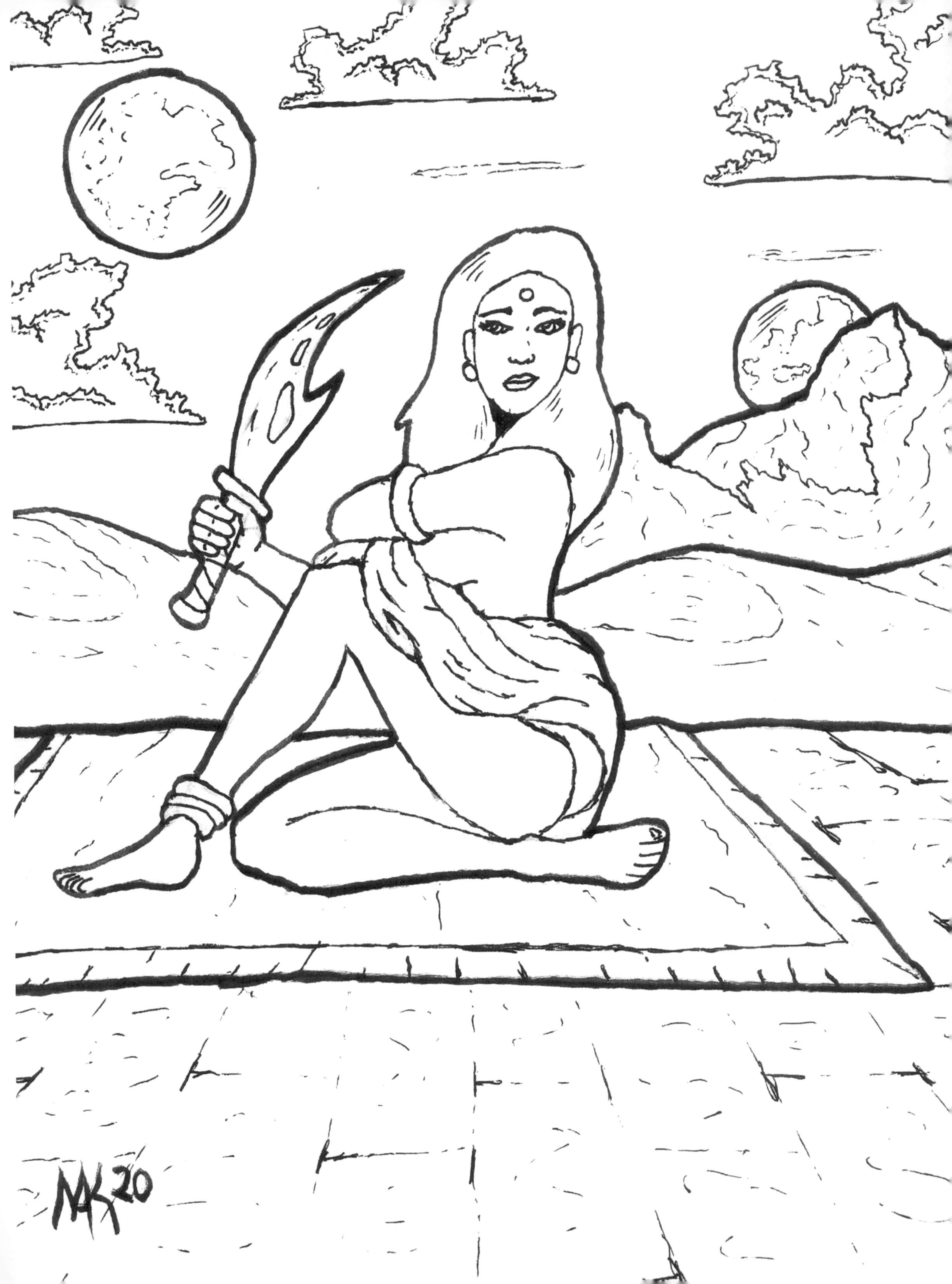

NAK 20

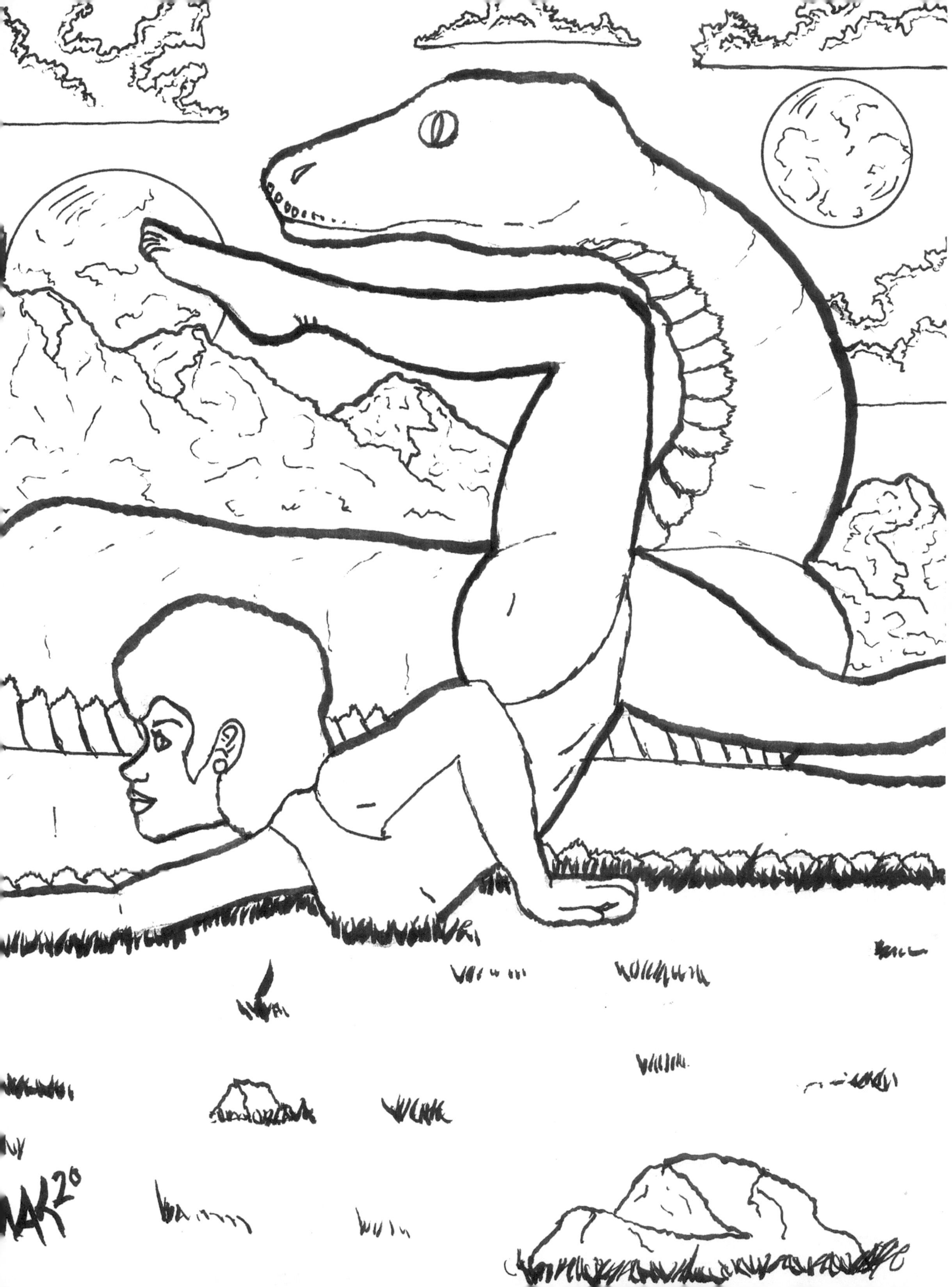

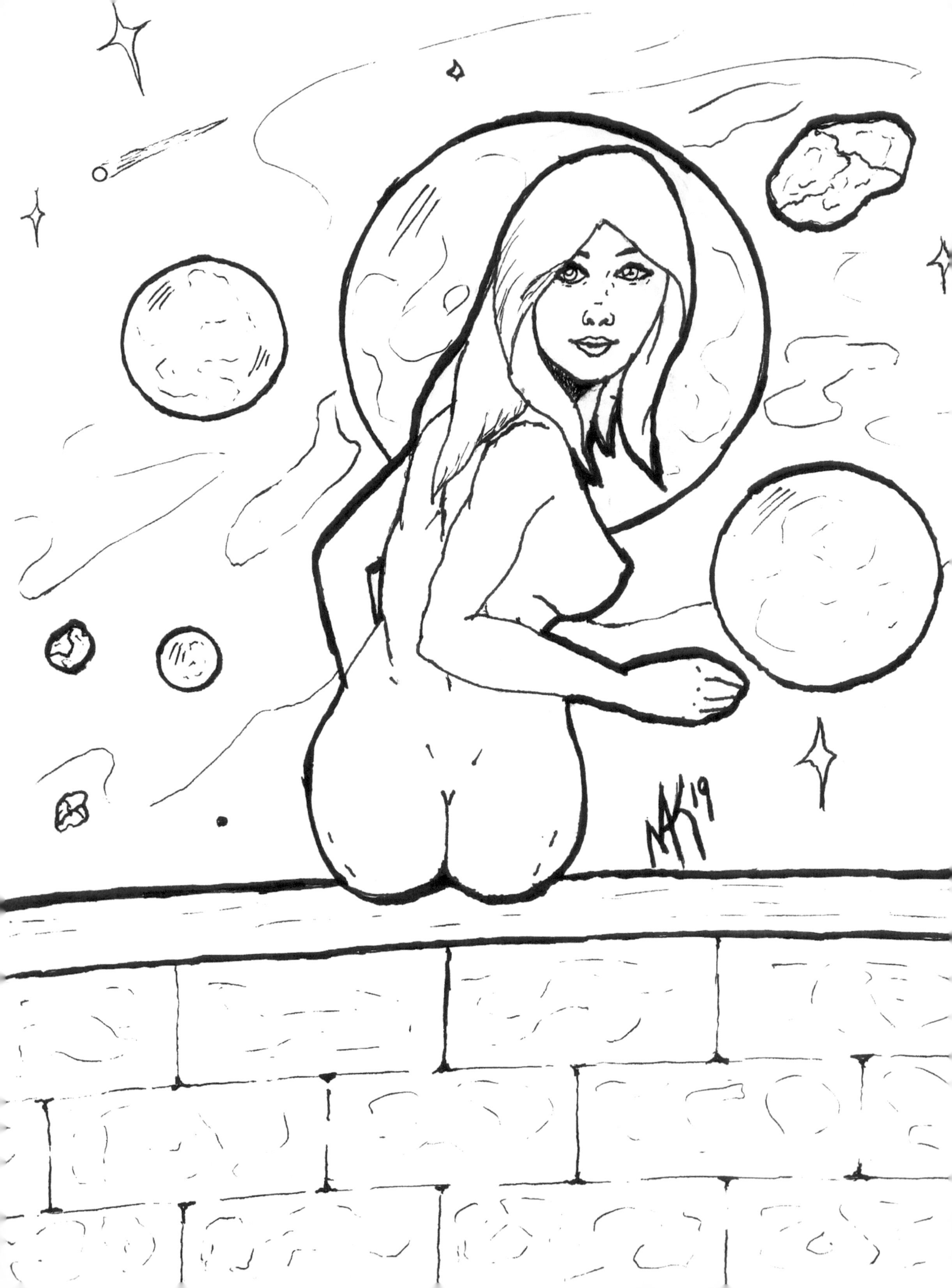

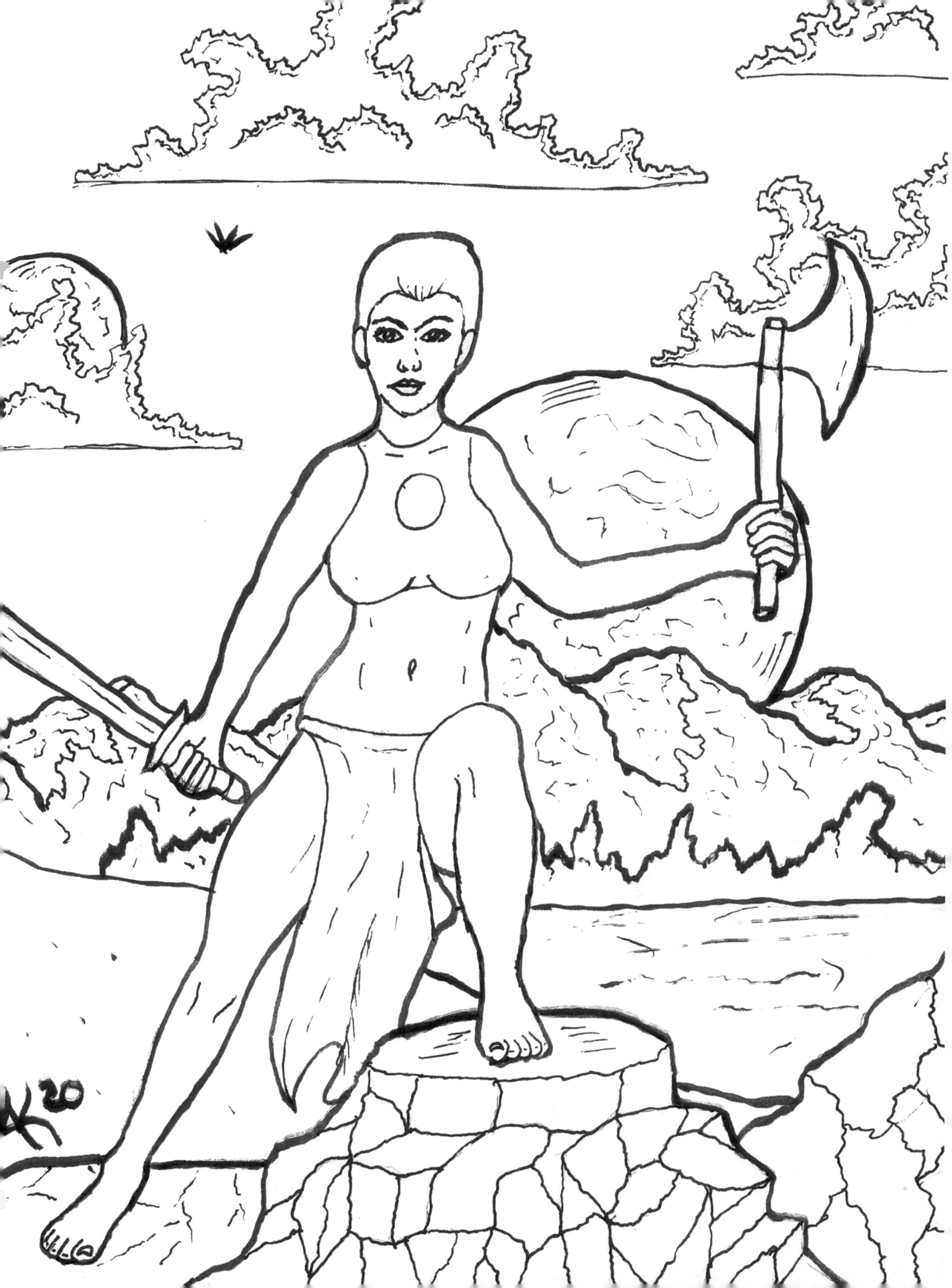

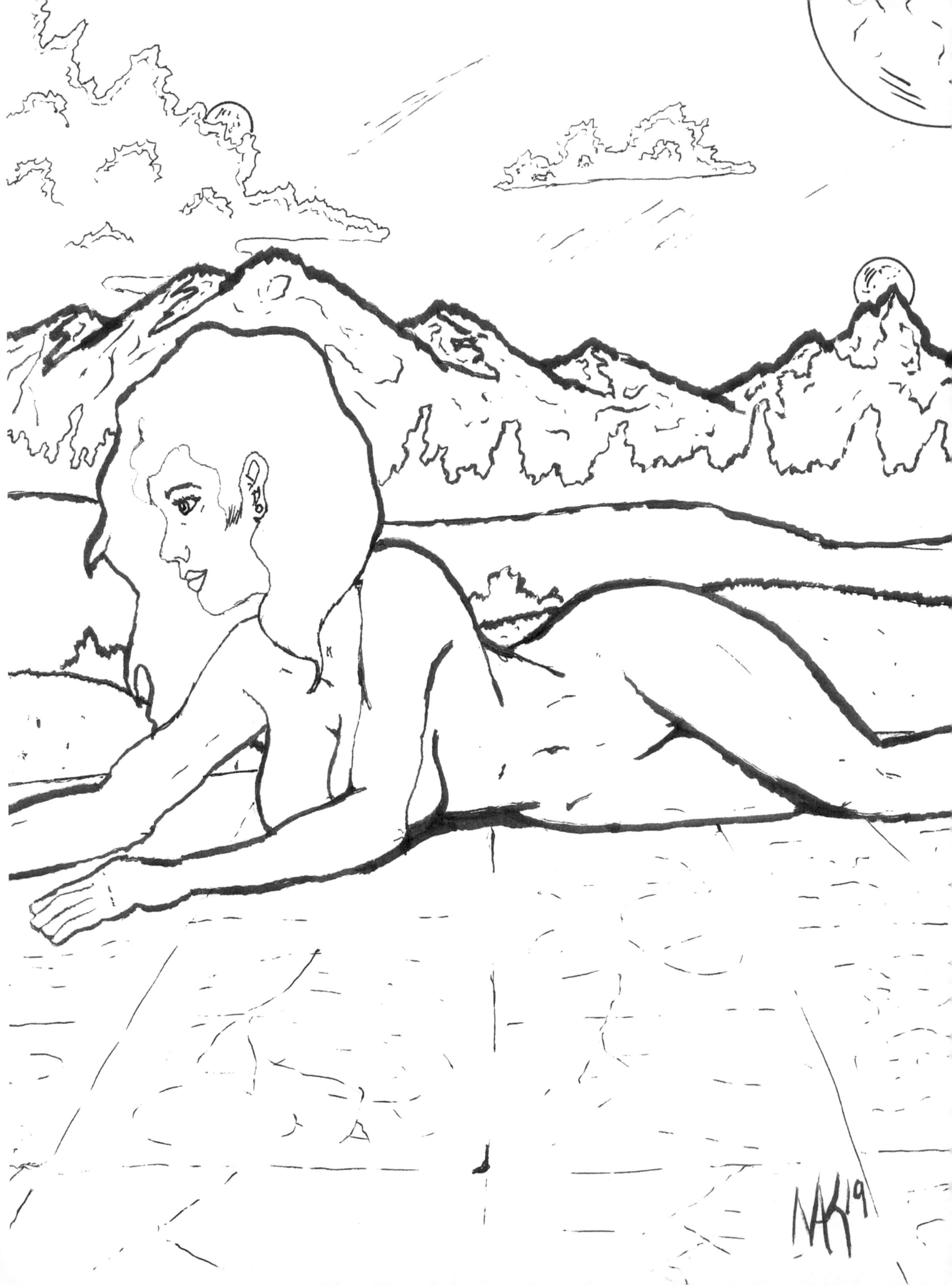

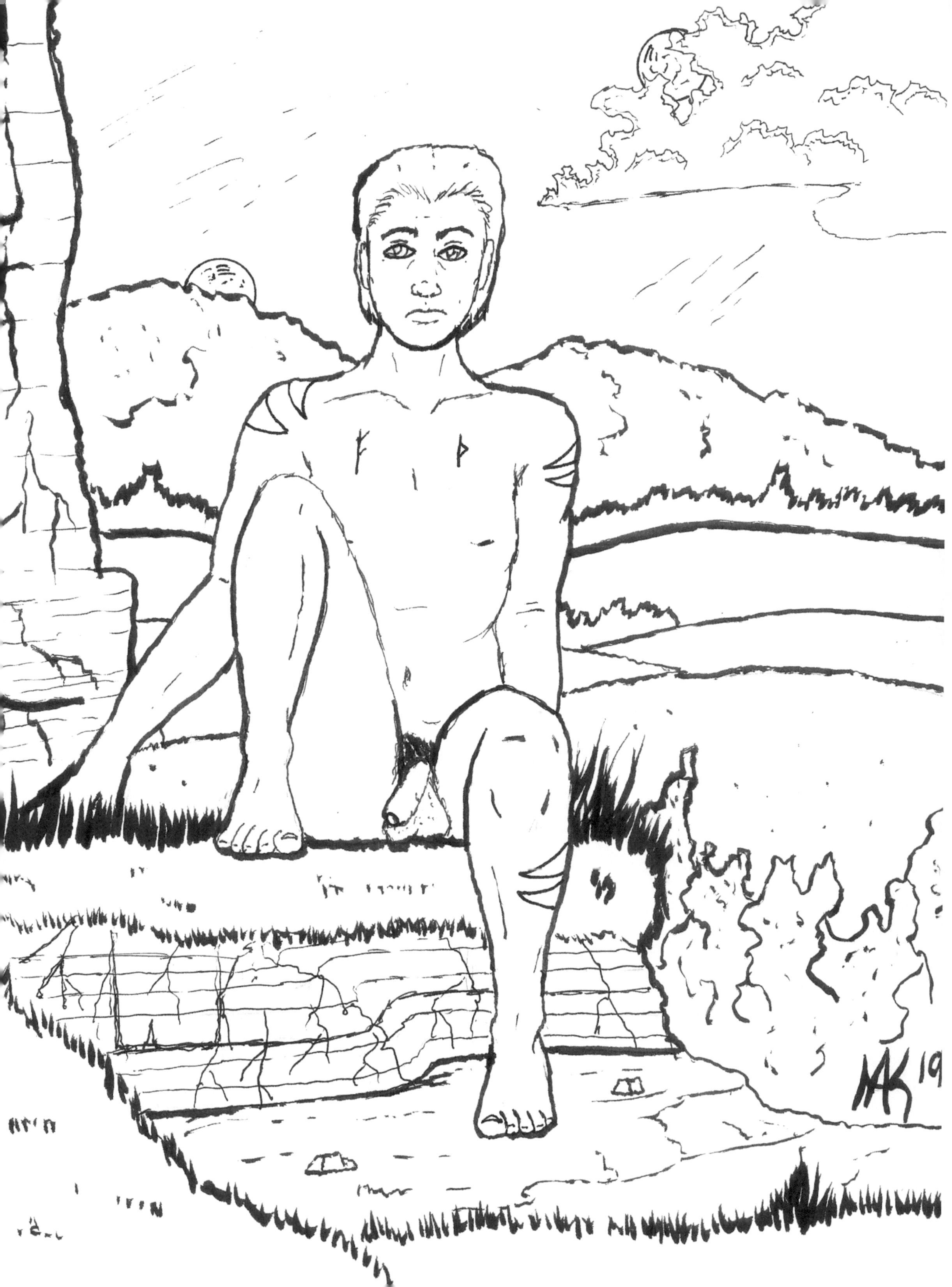

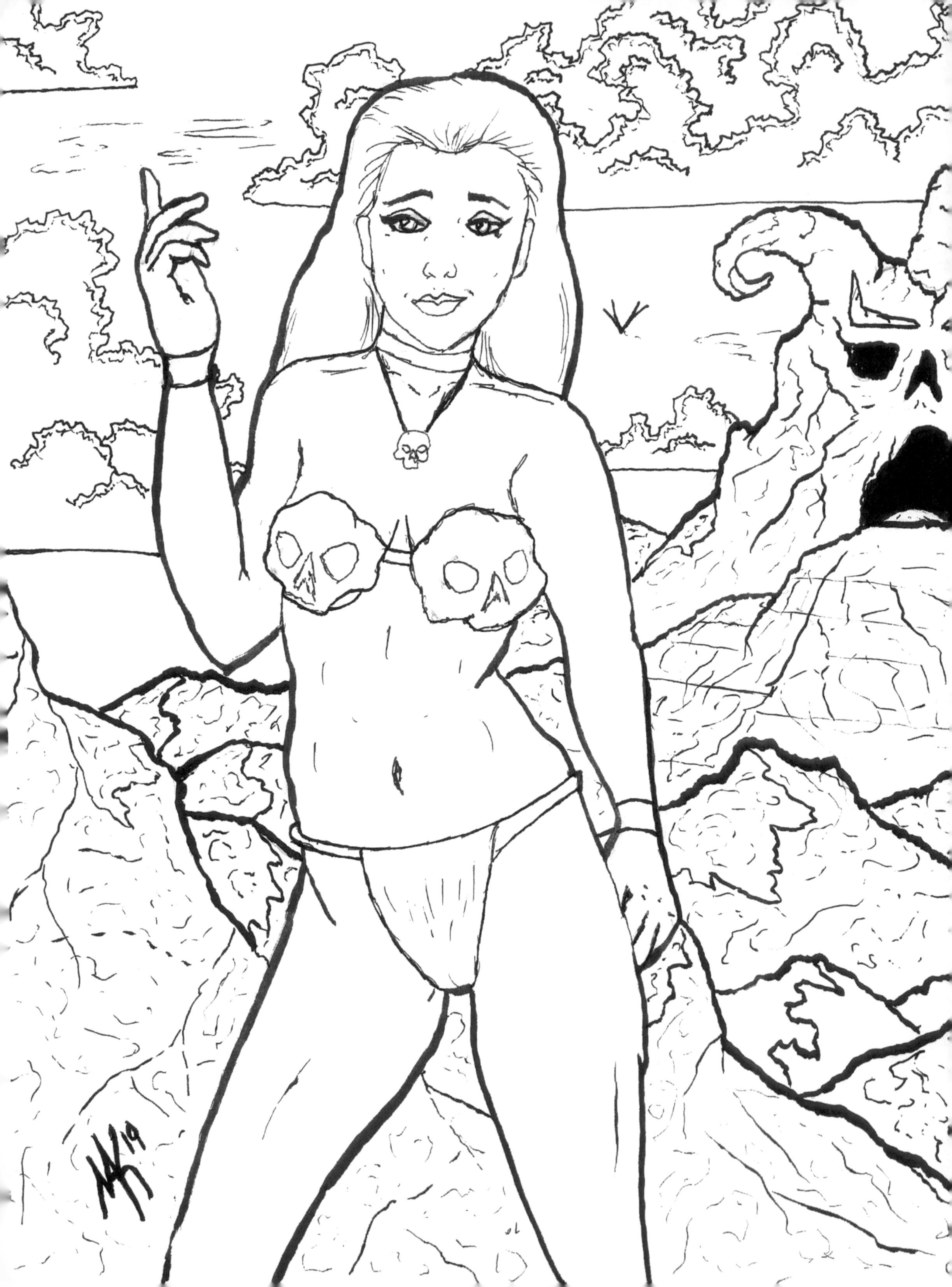

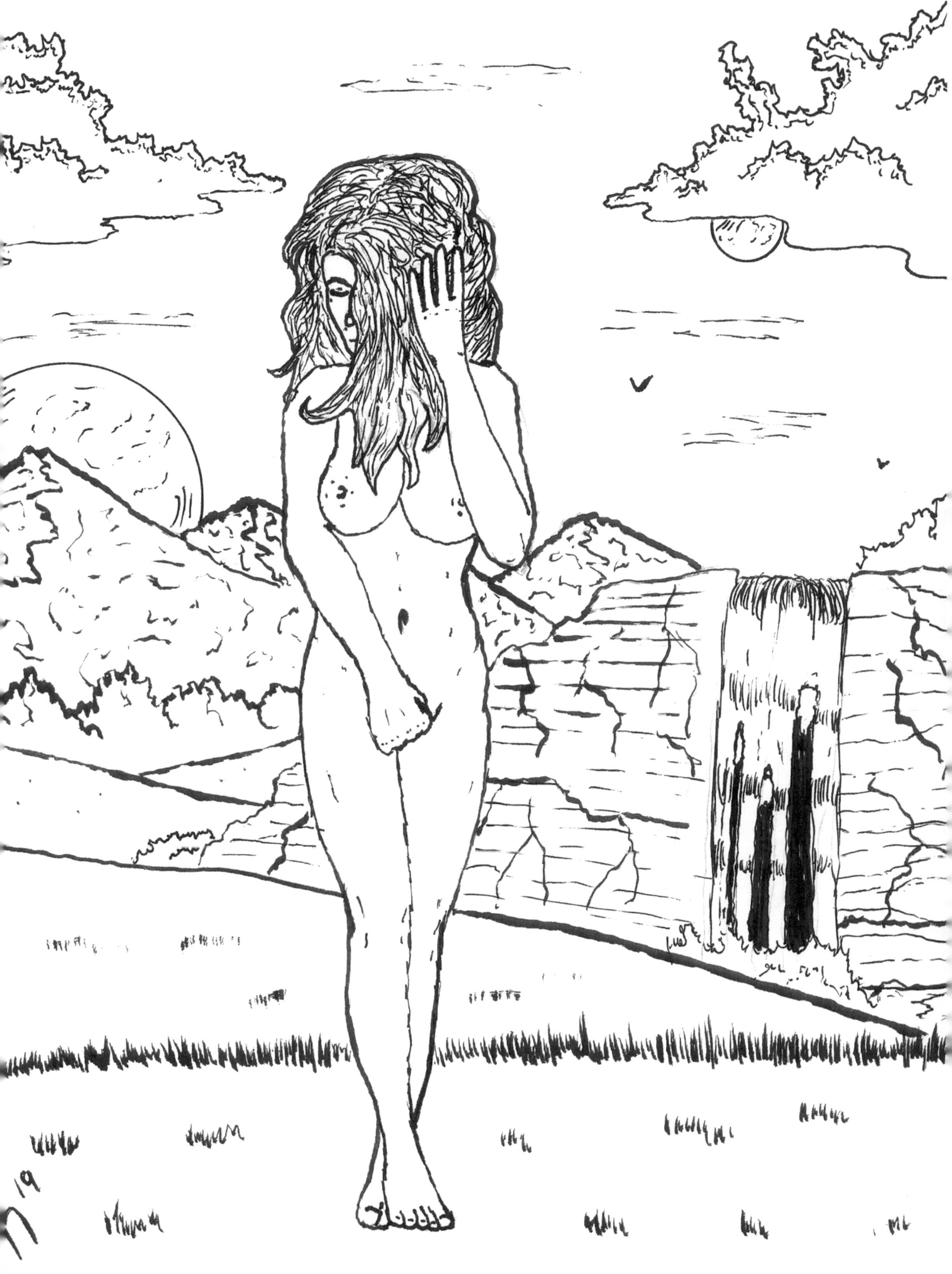

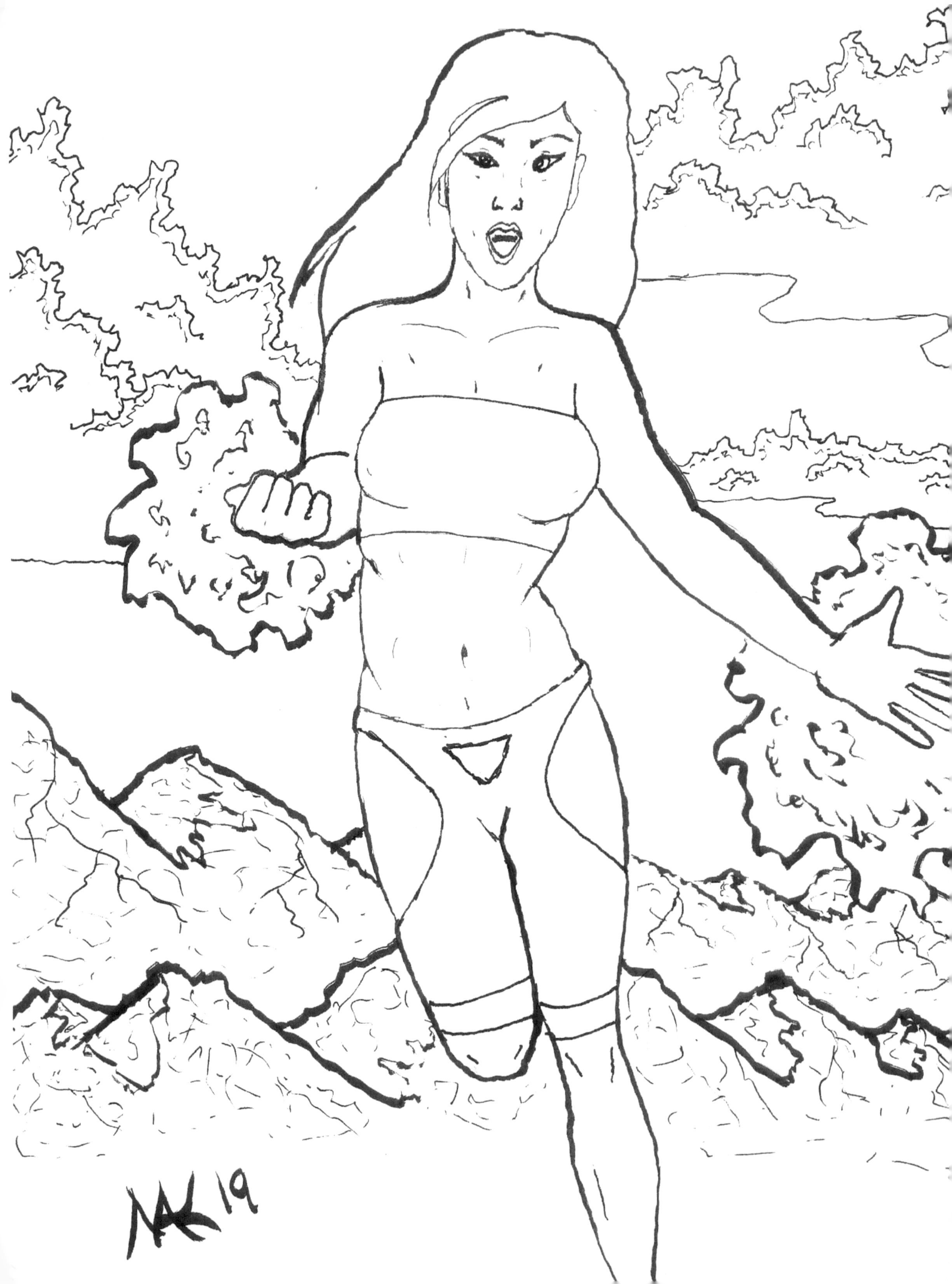

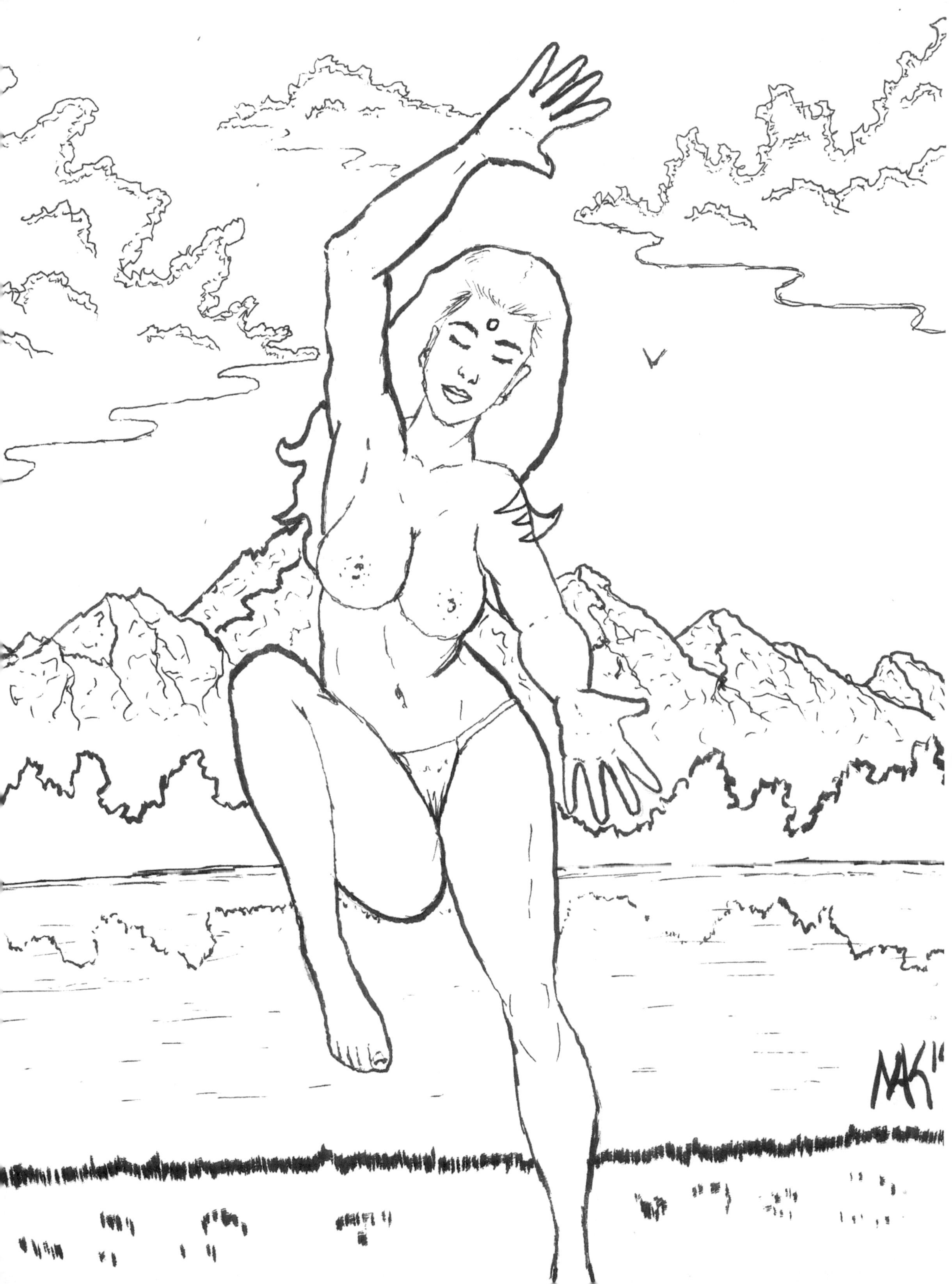

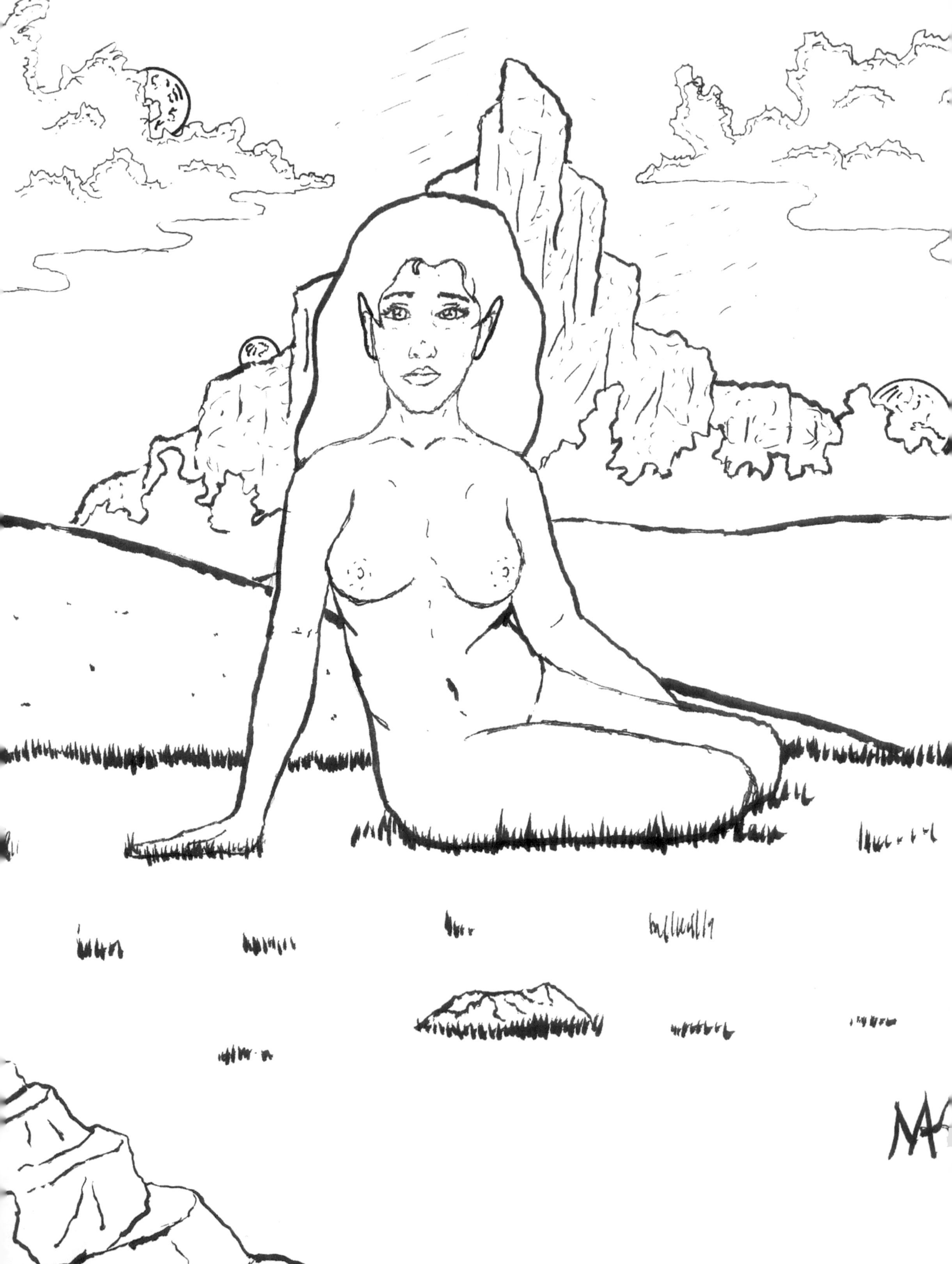

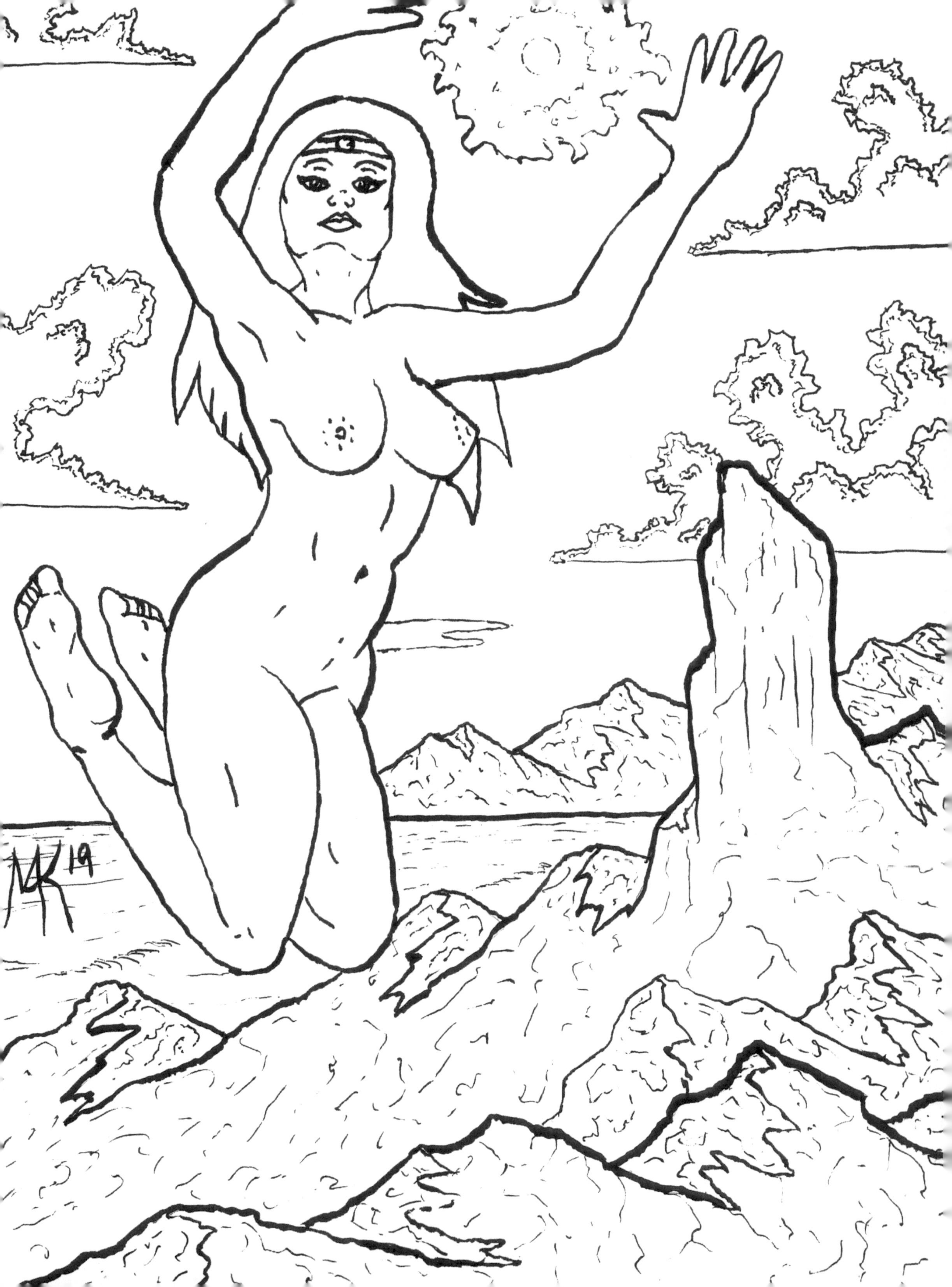

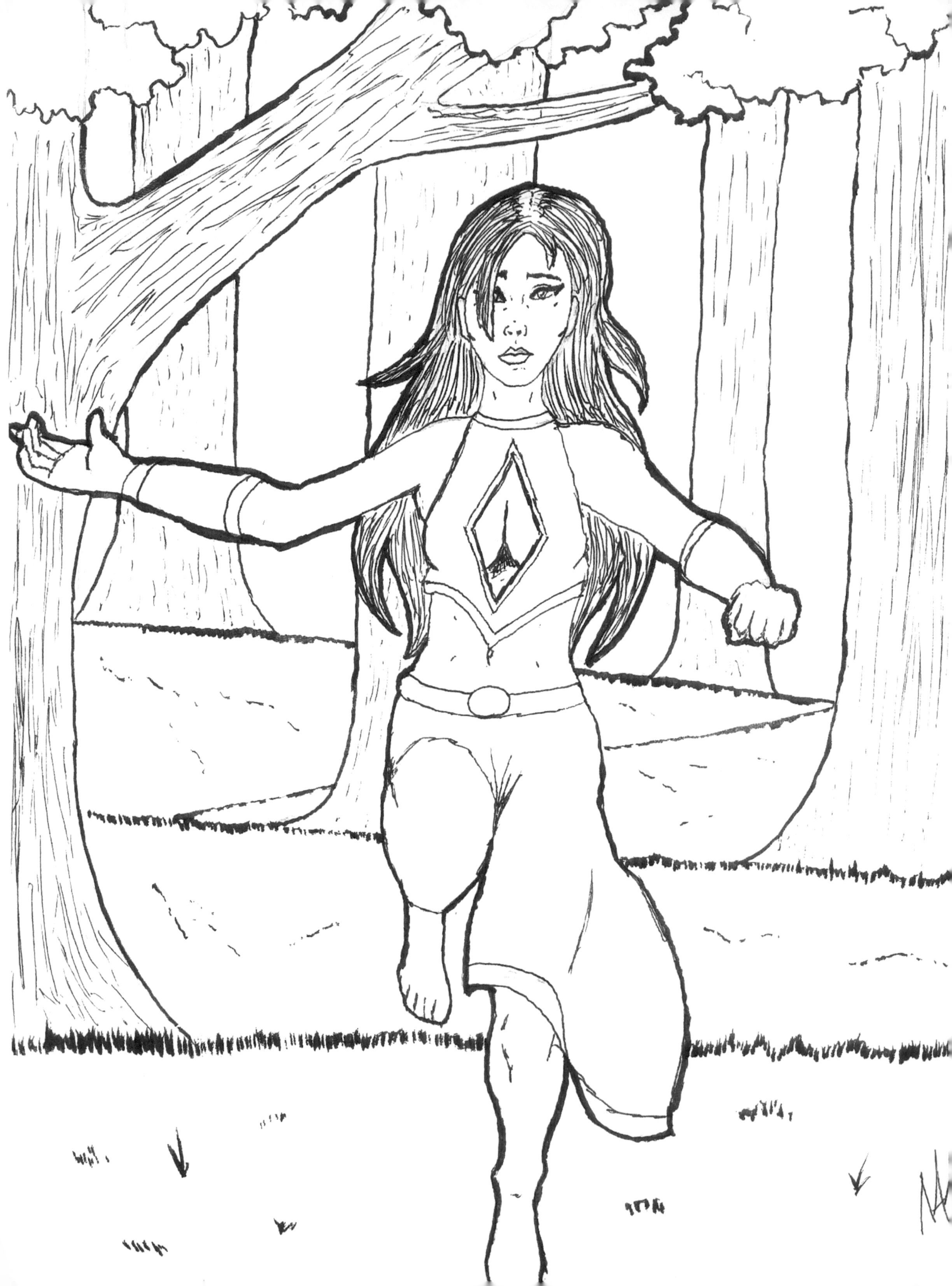

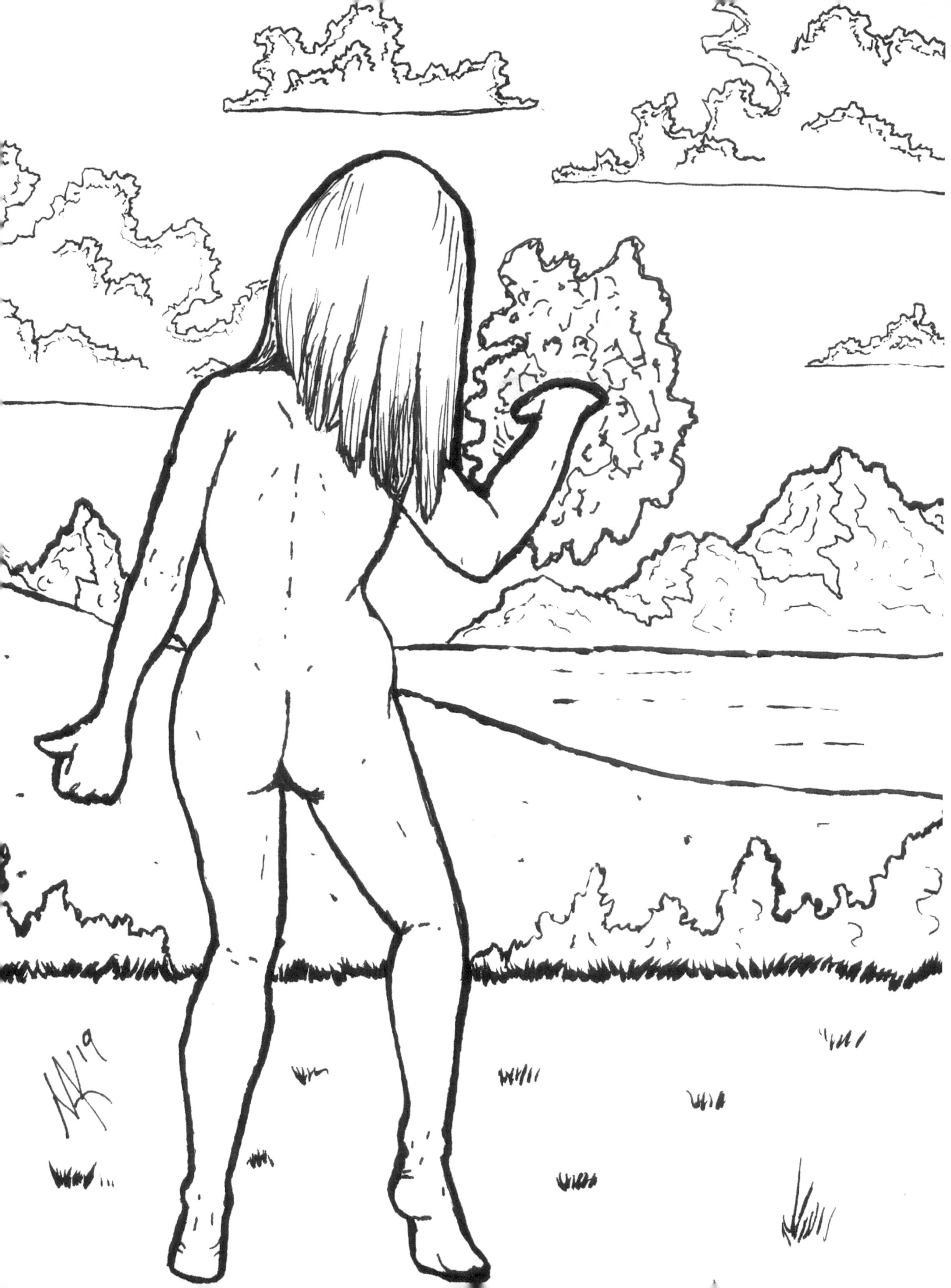

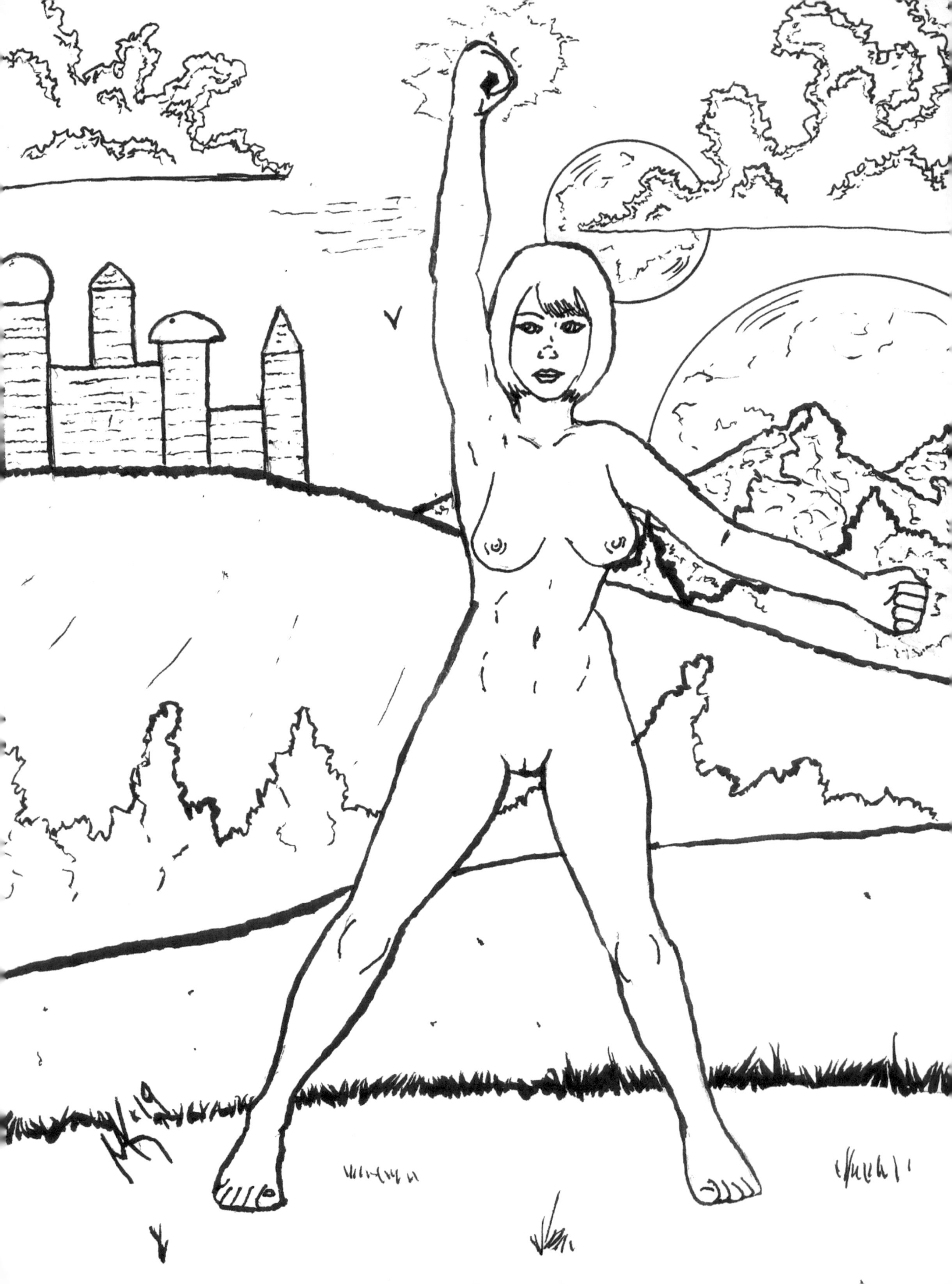

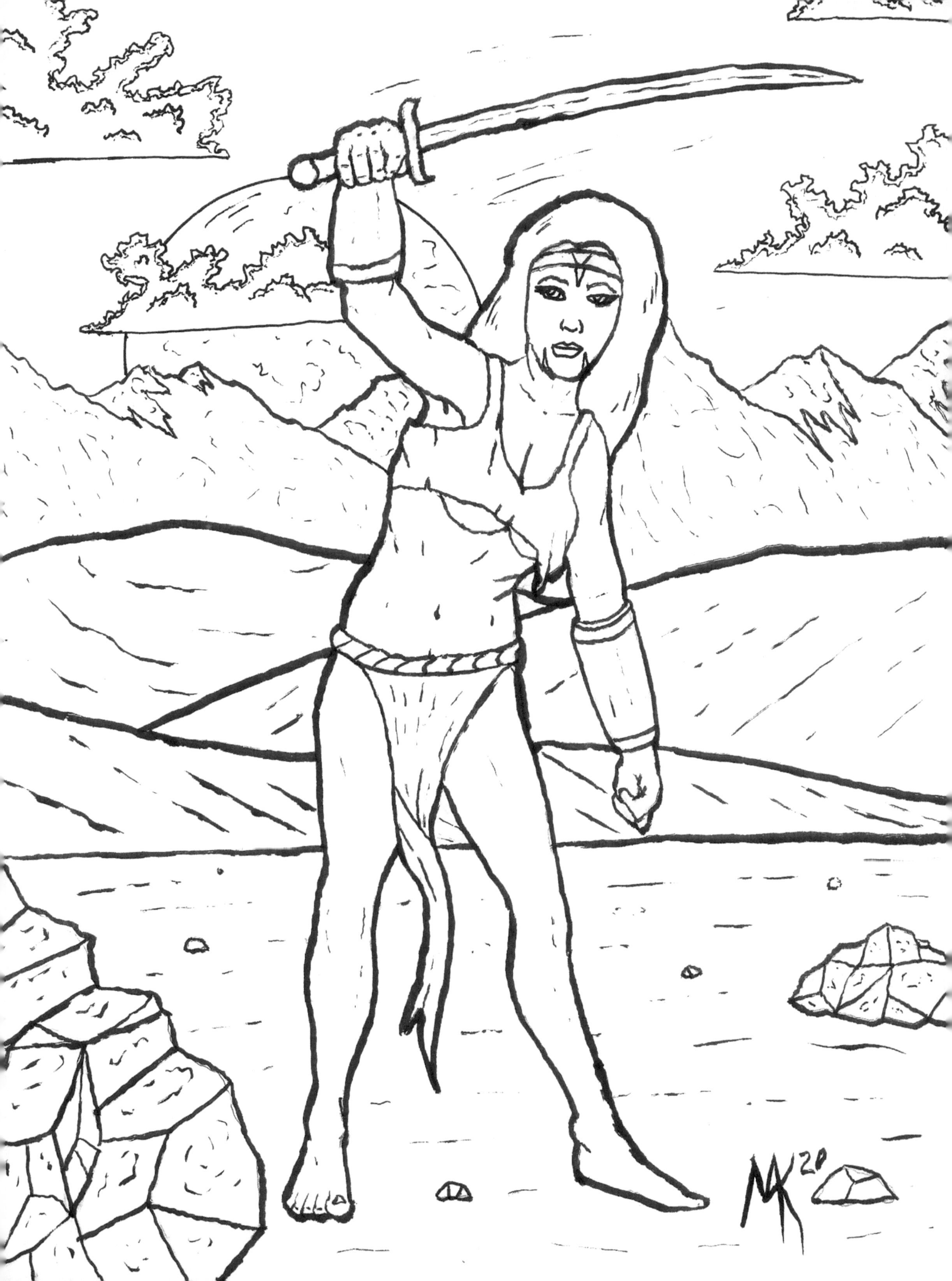

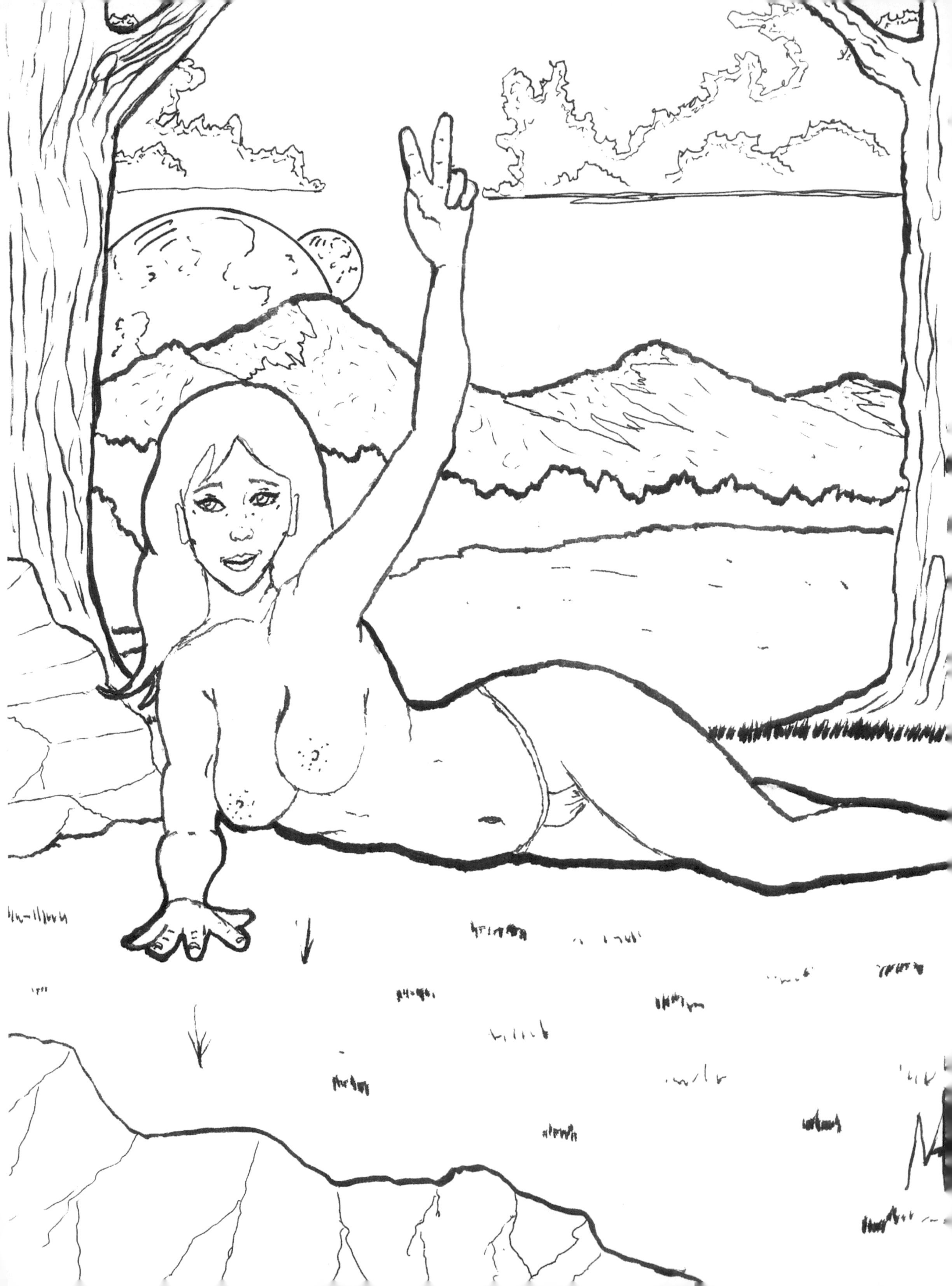

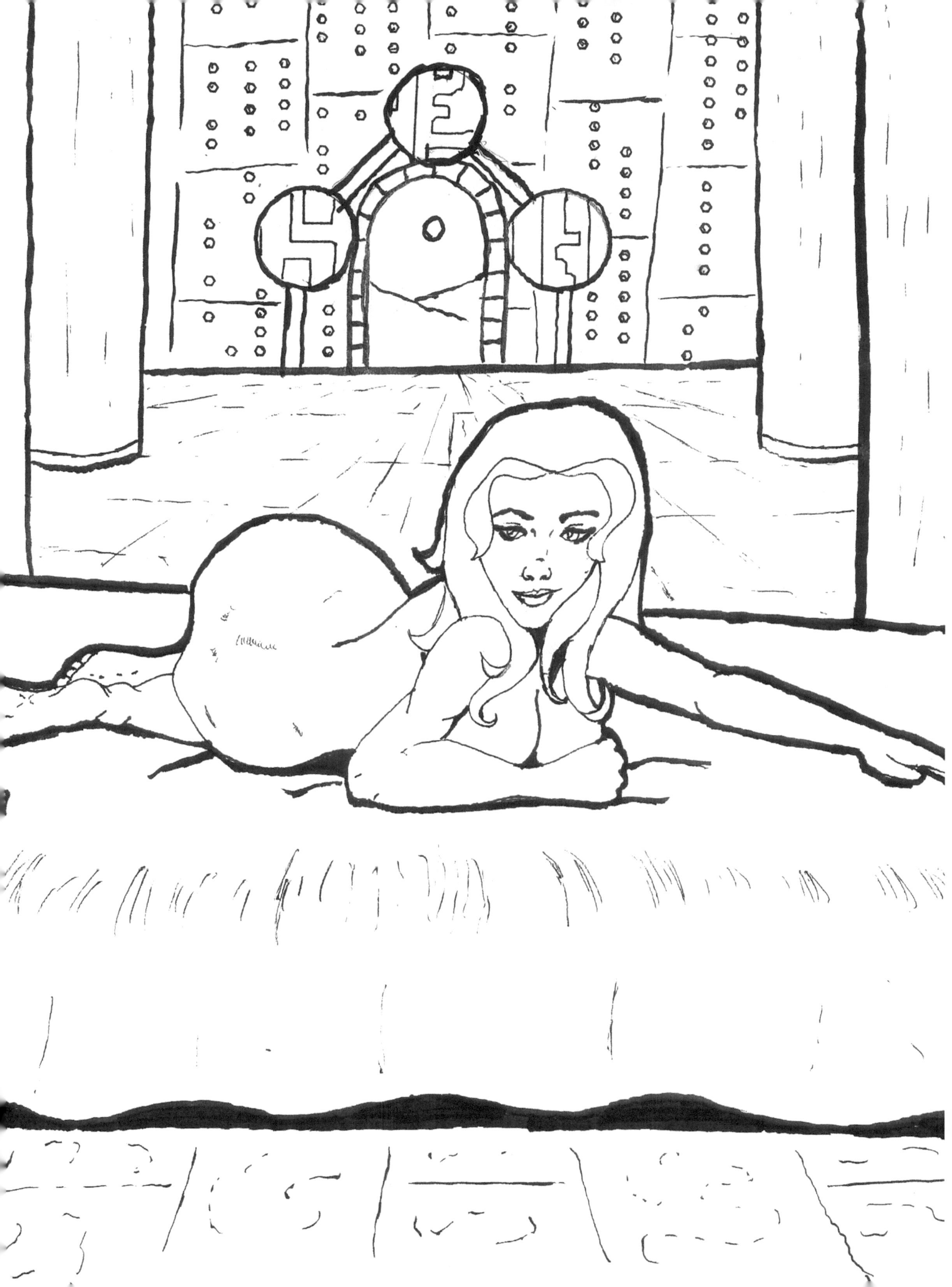

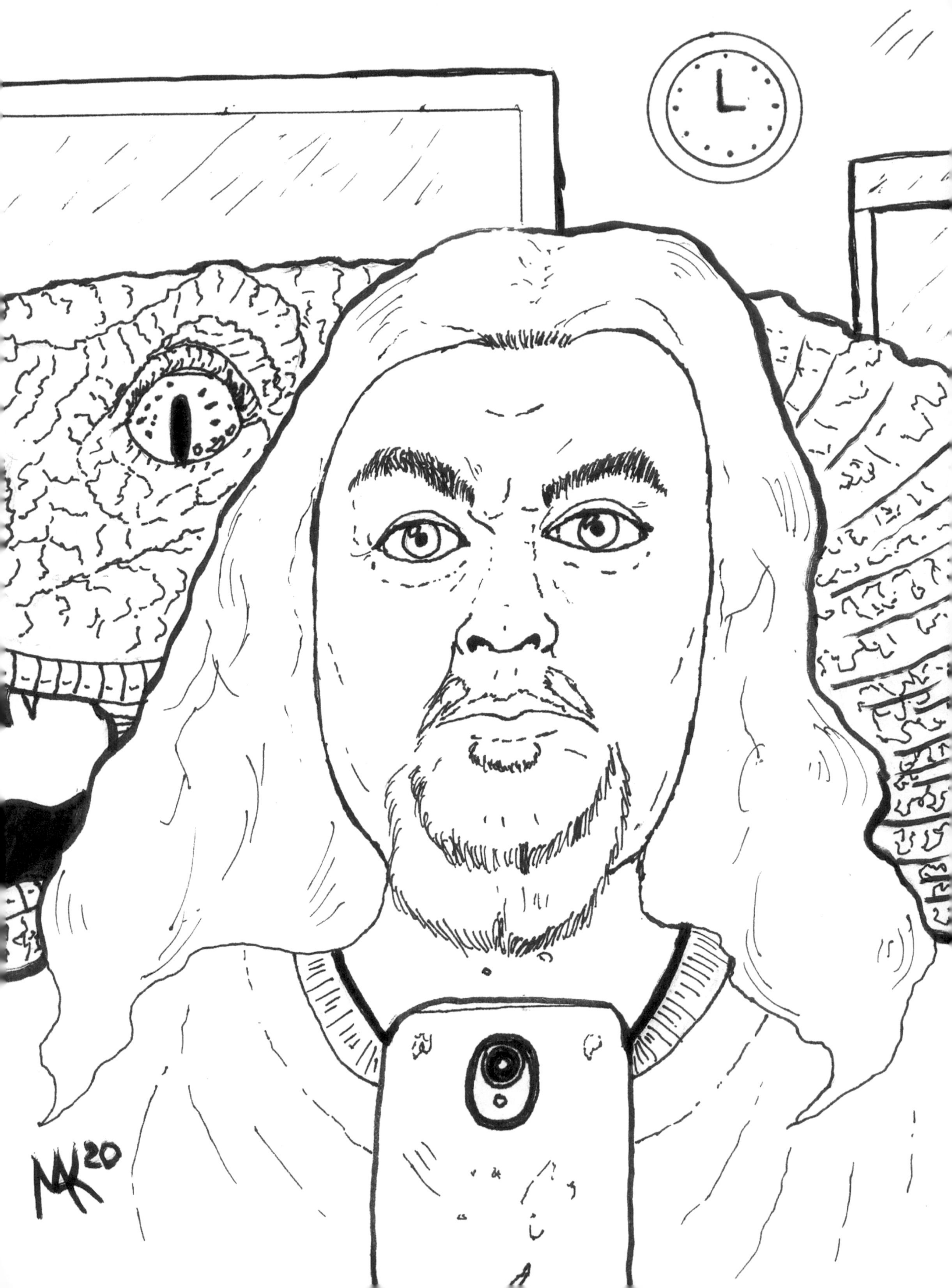

NAK 20

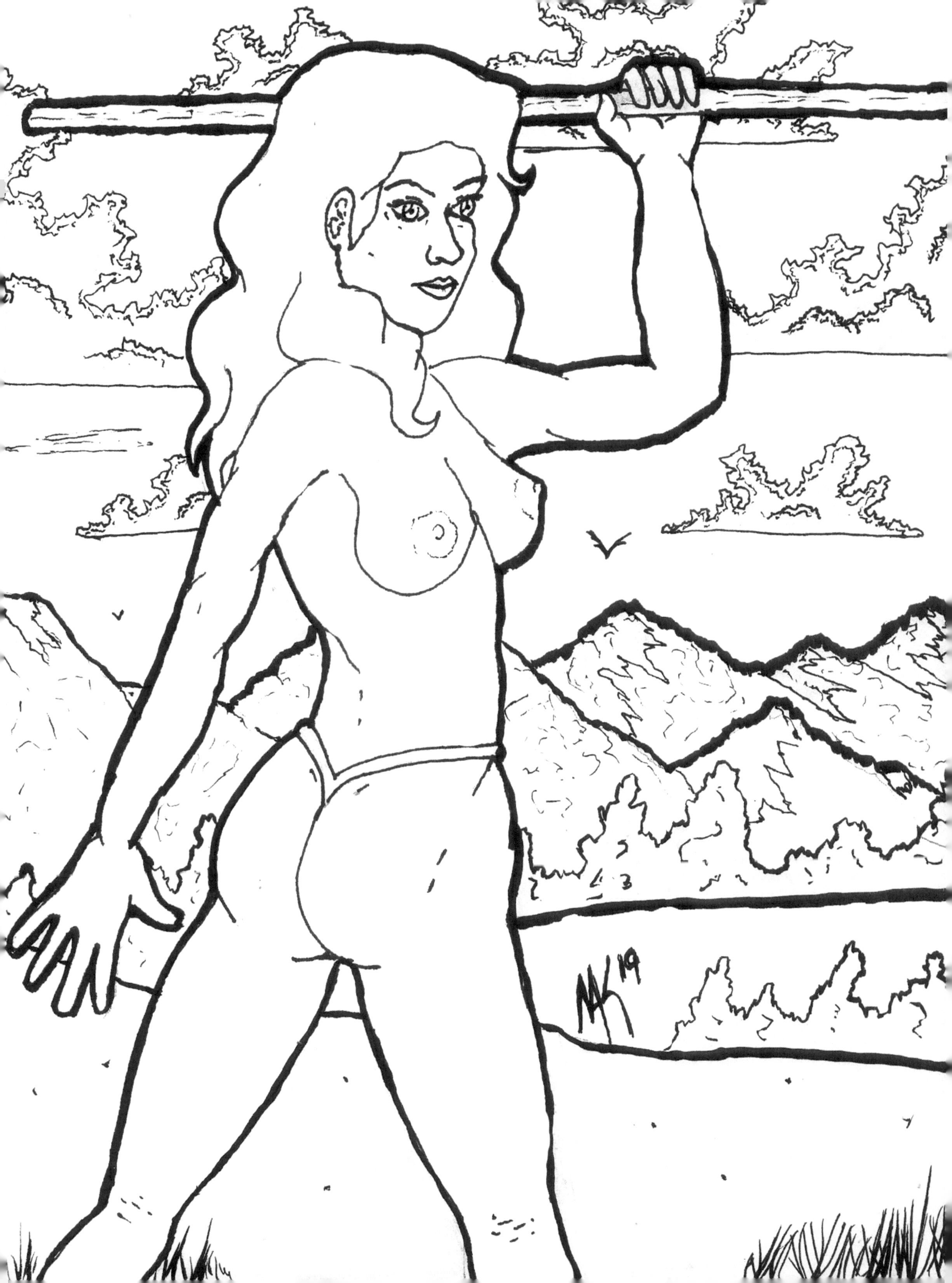

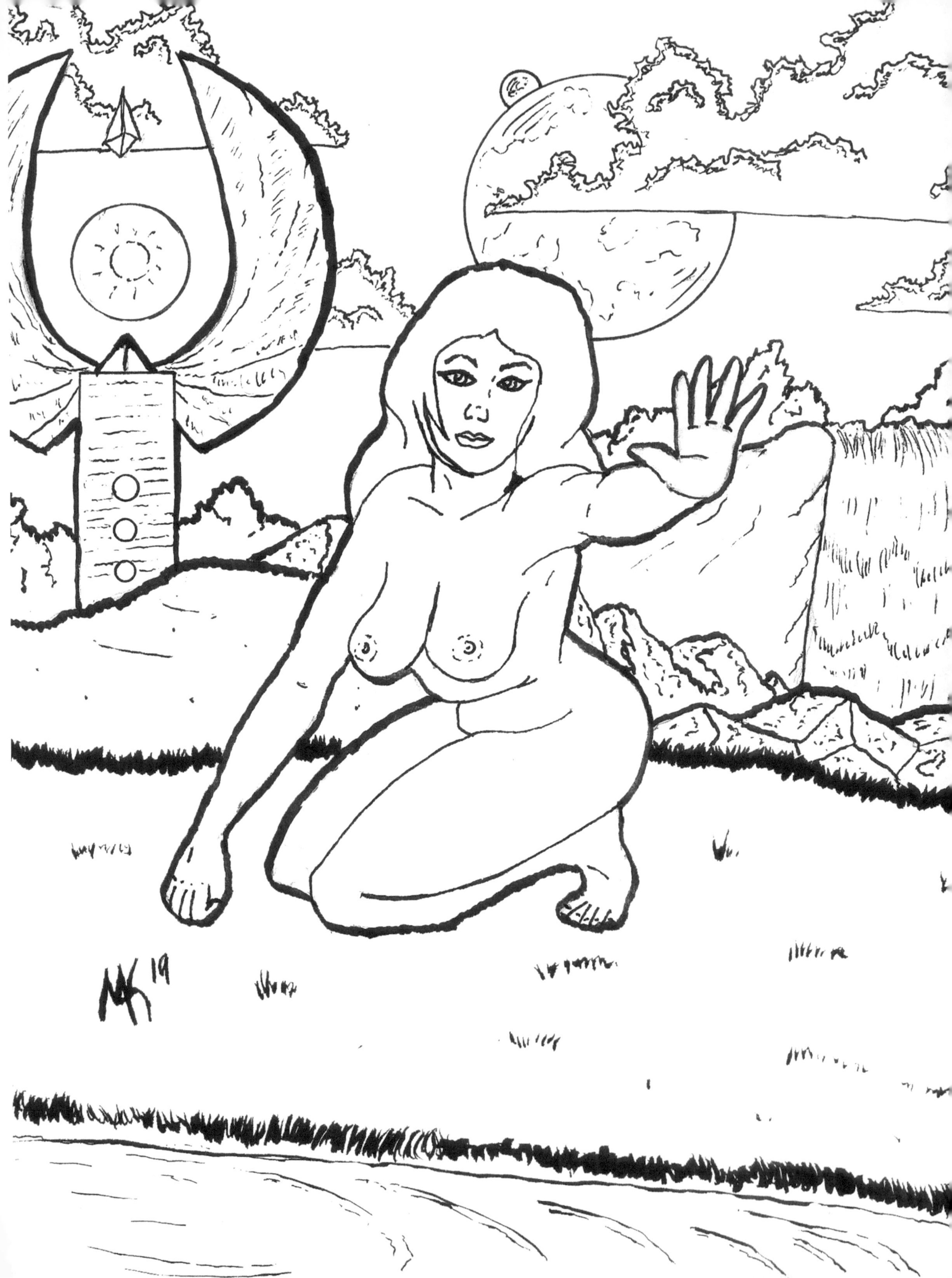

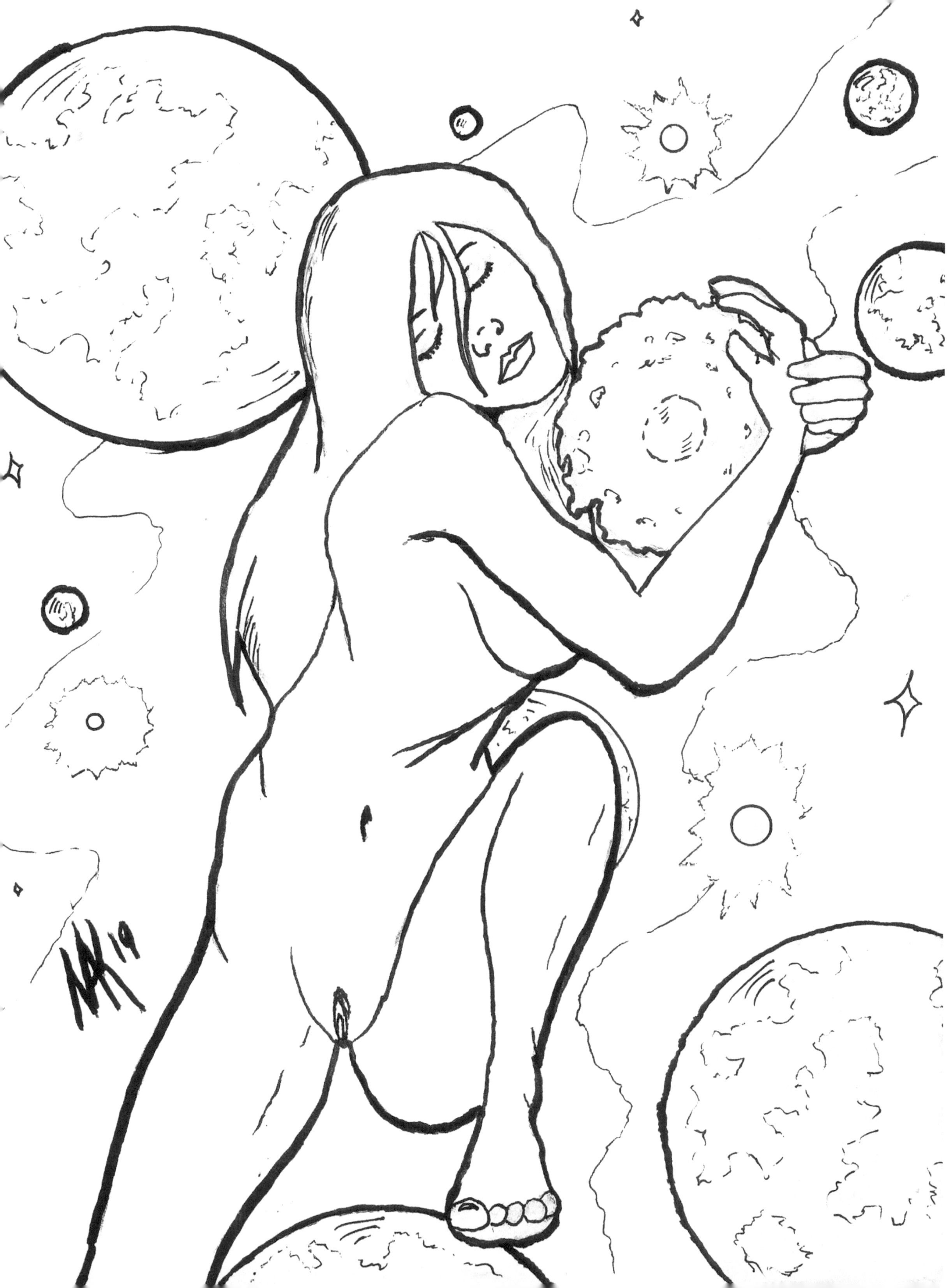

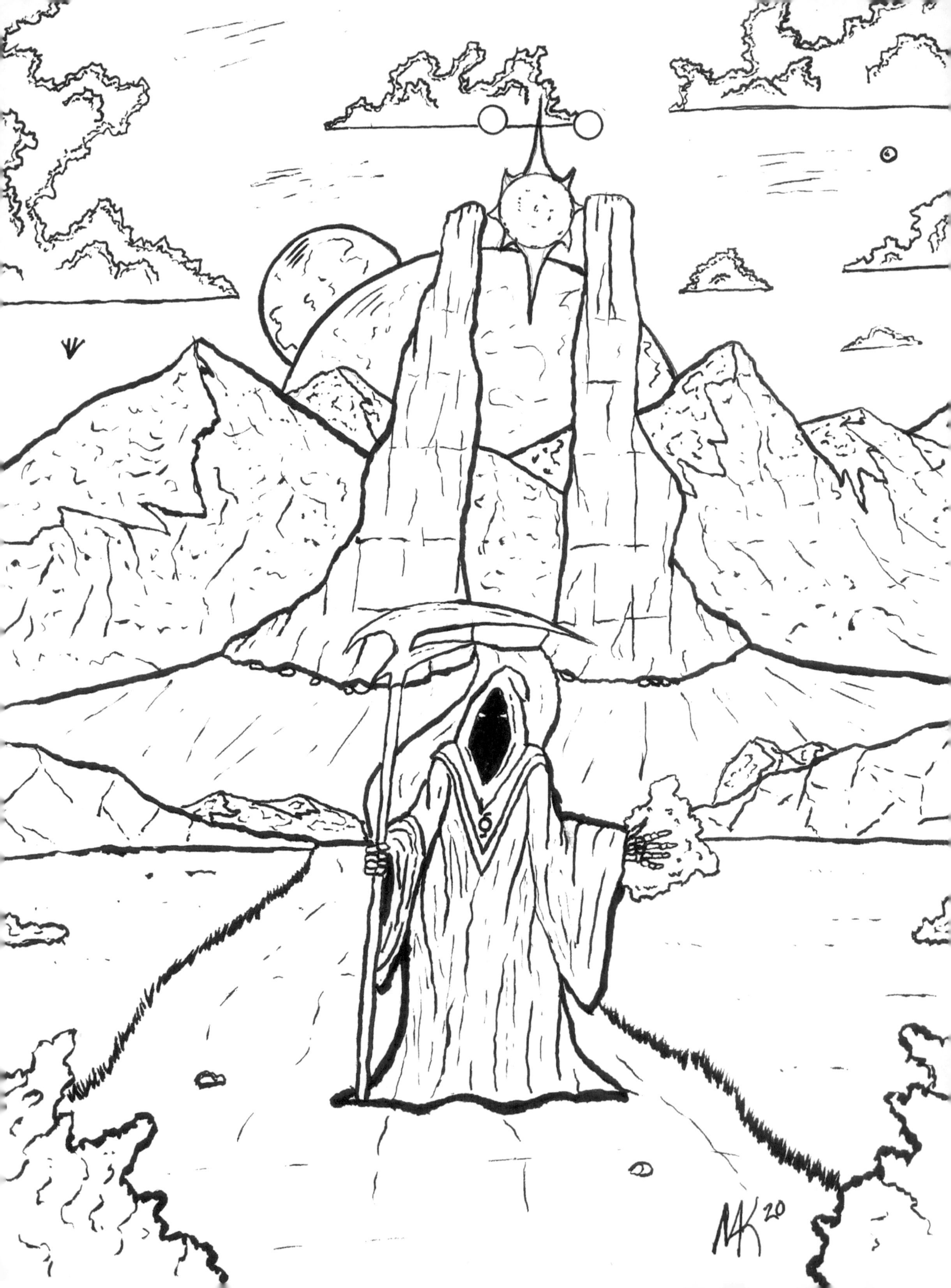

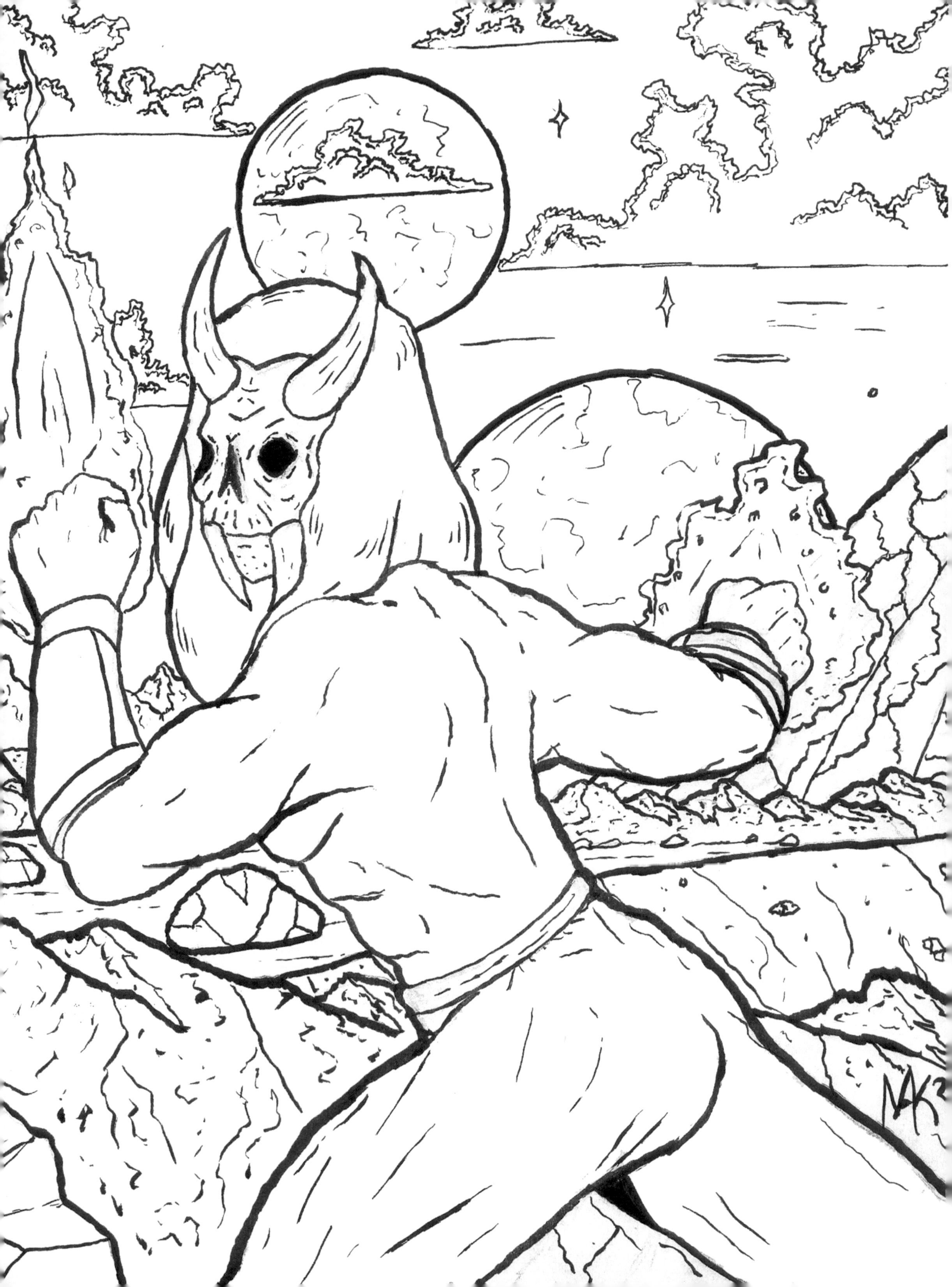

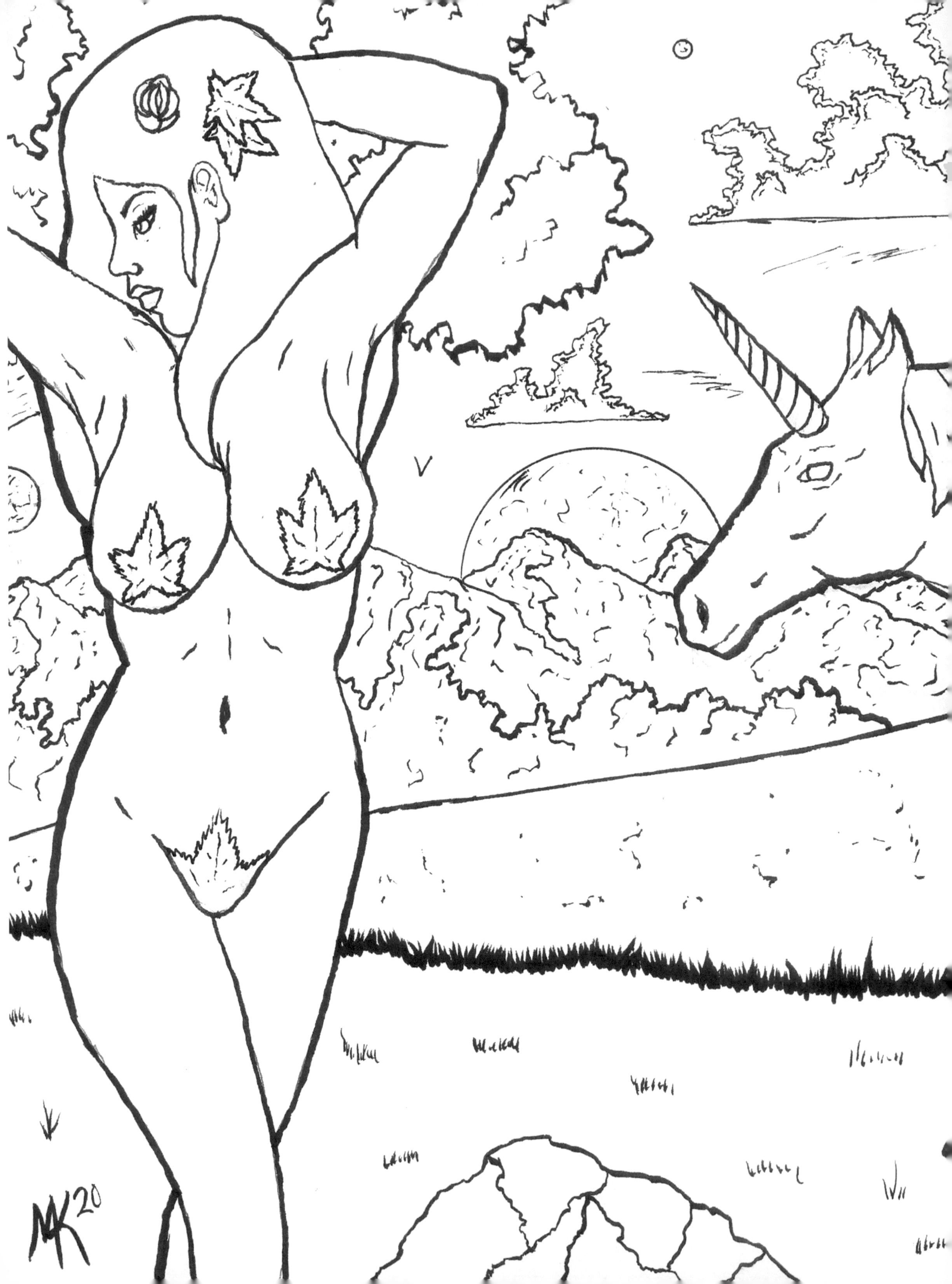

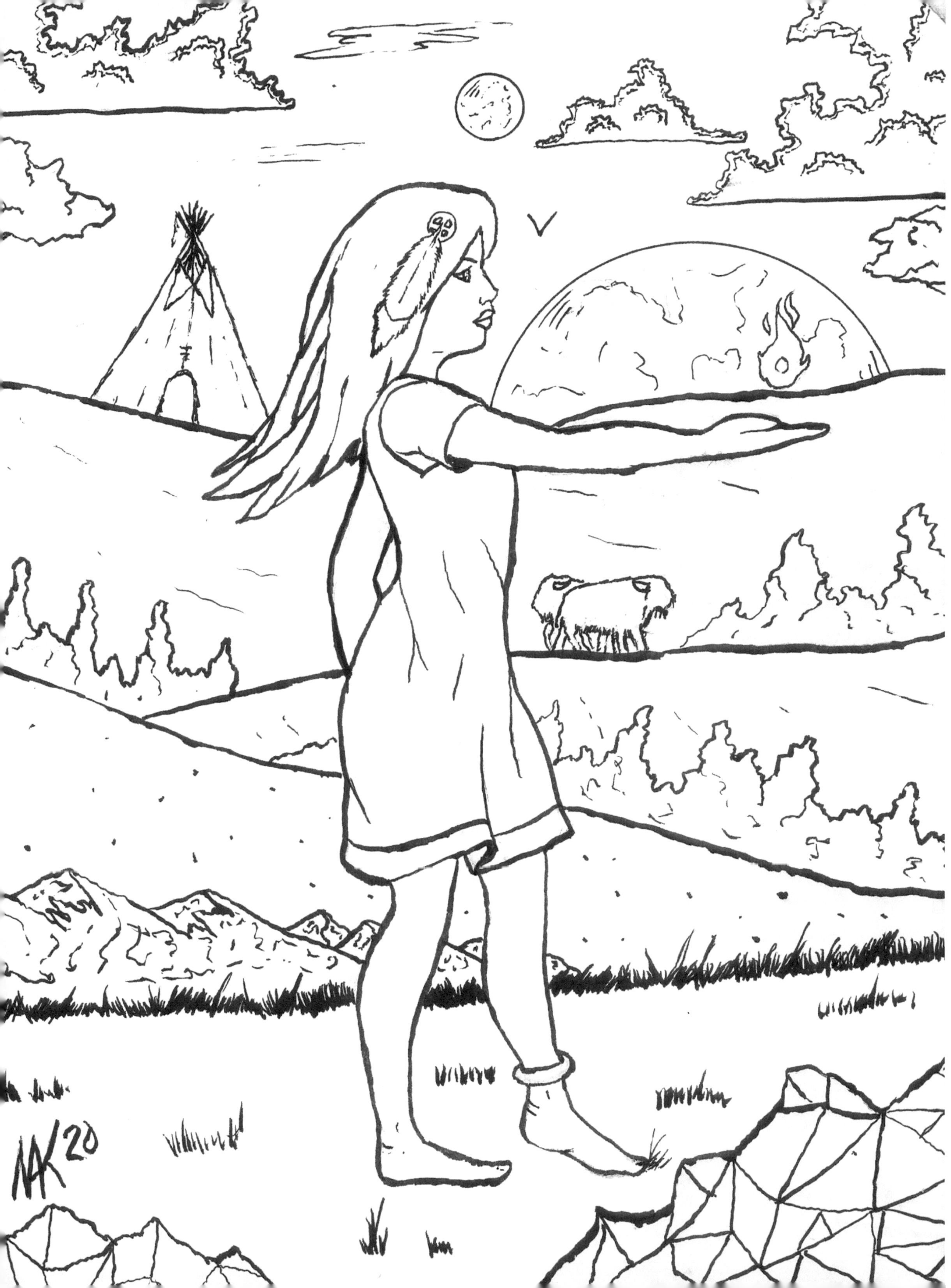

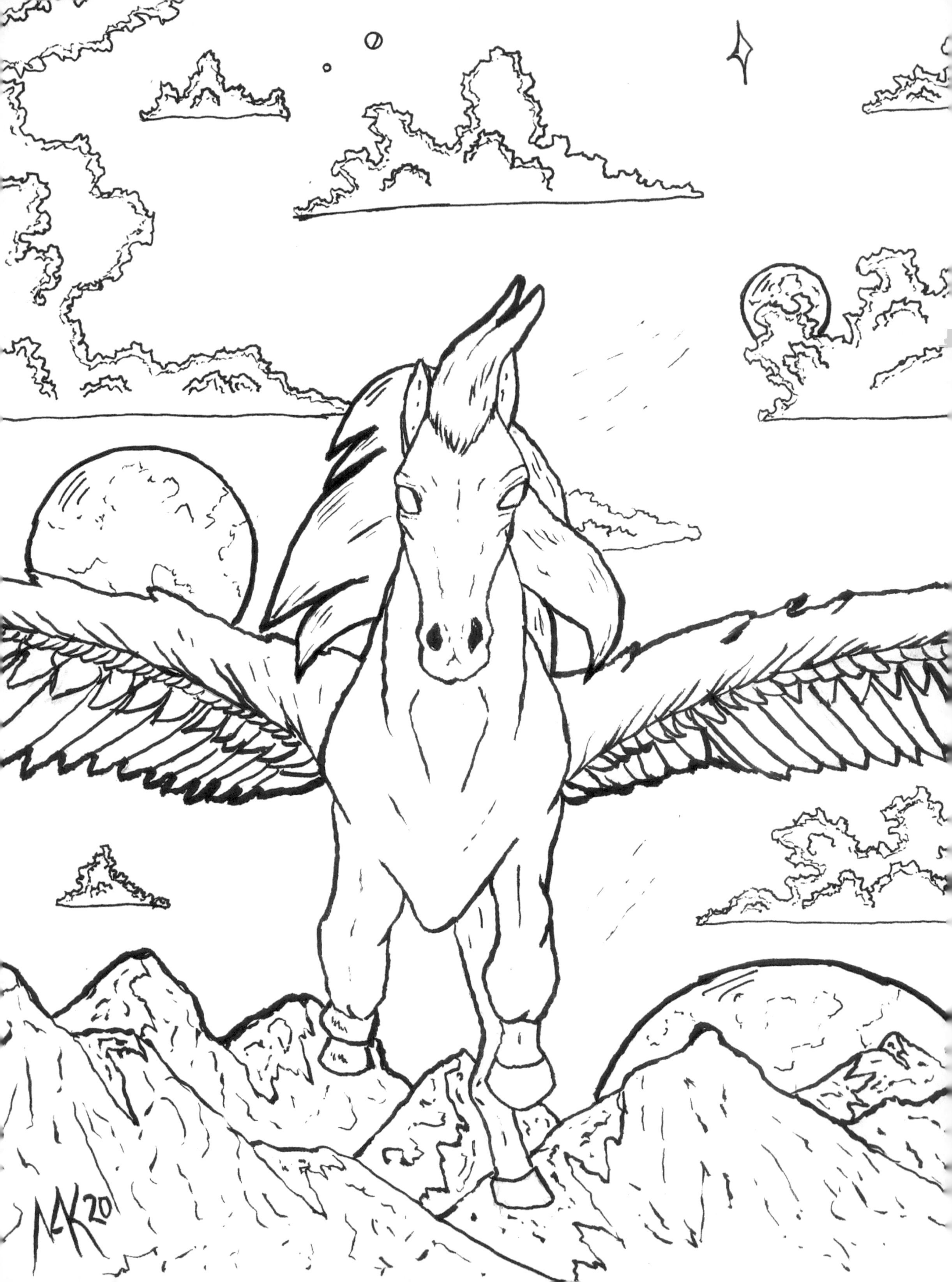

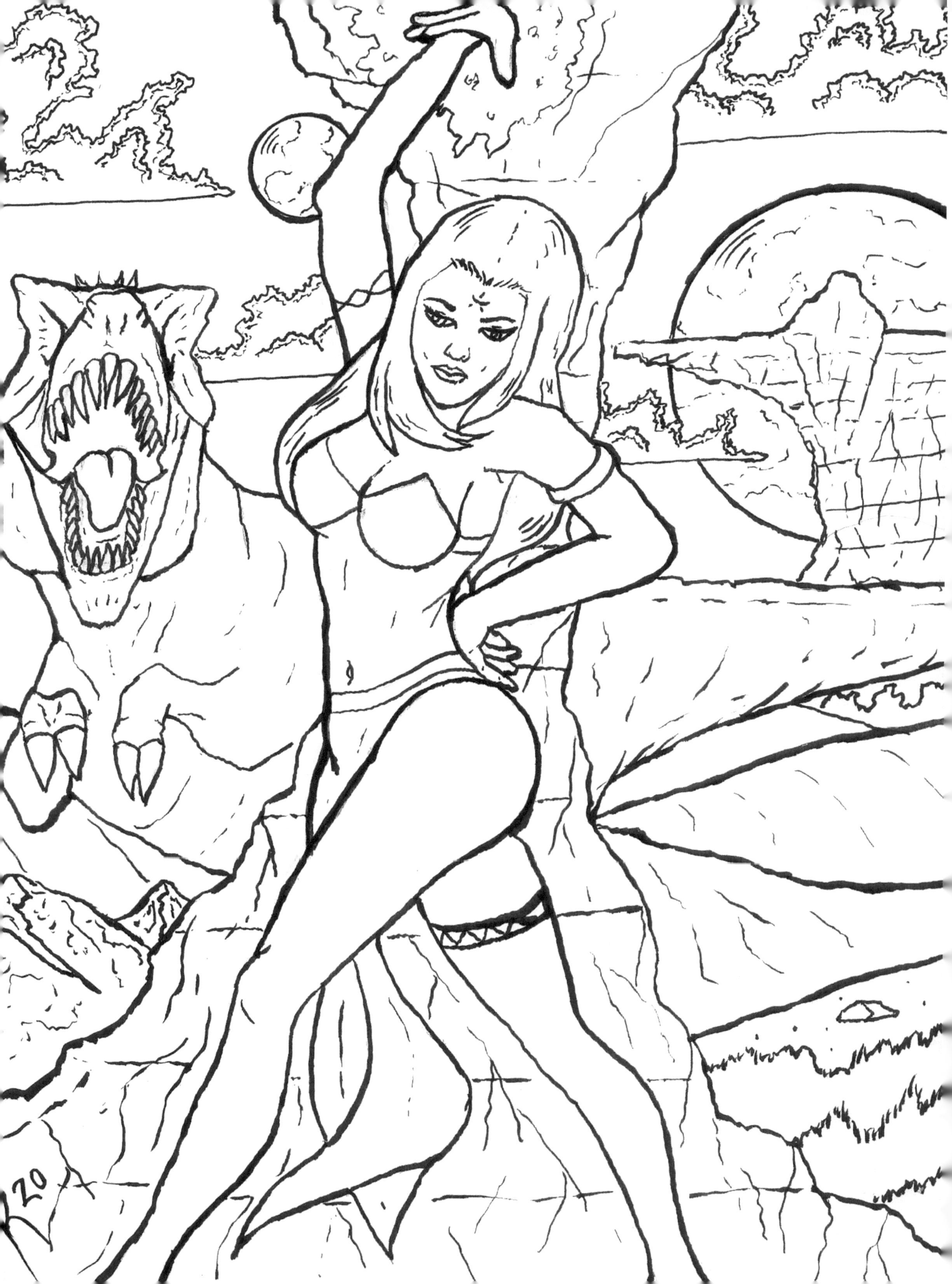

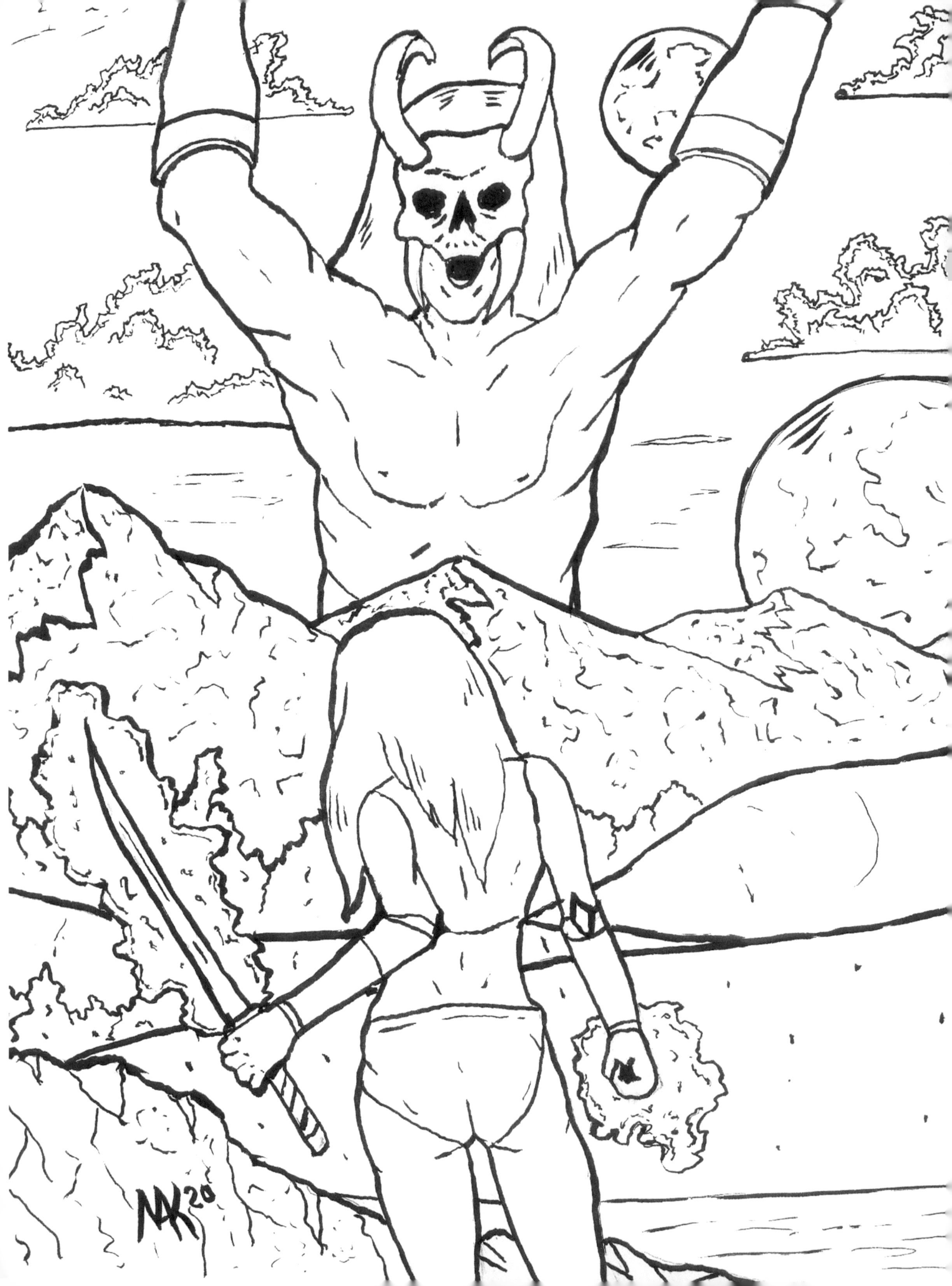

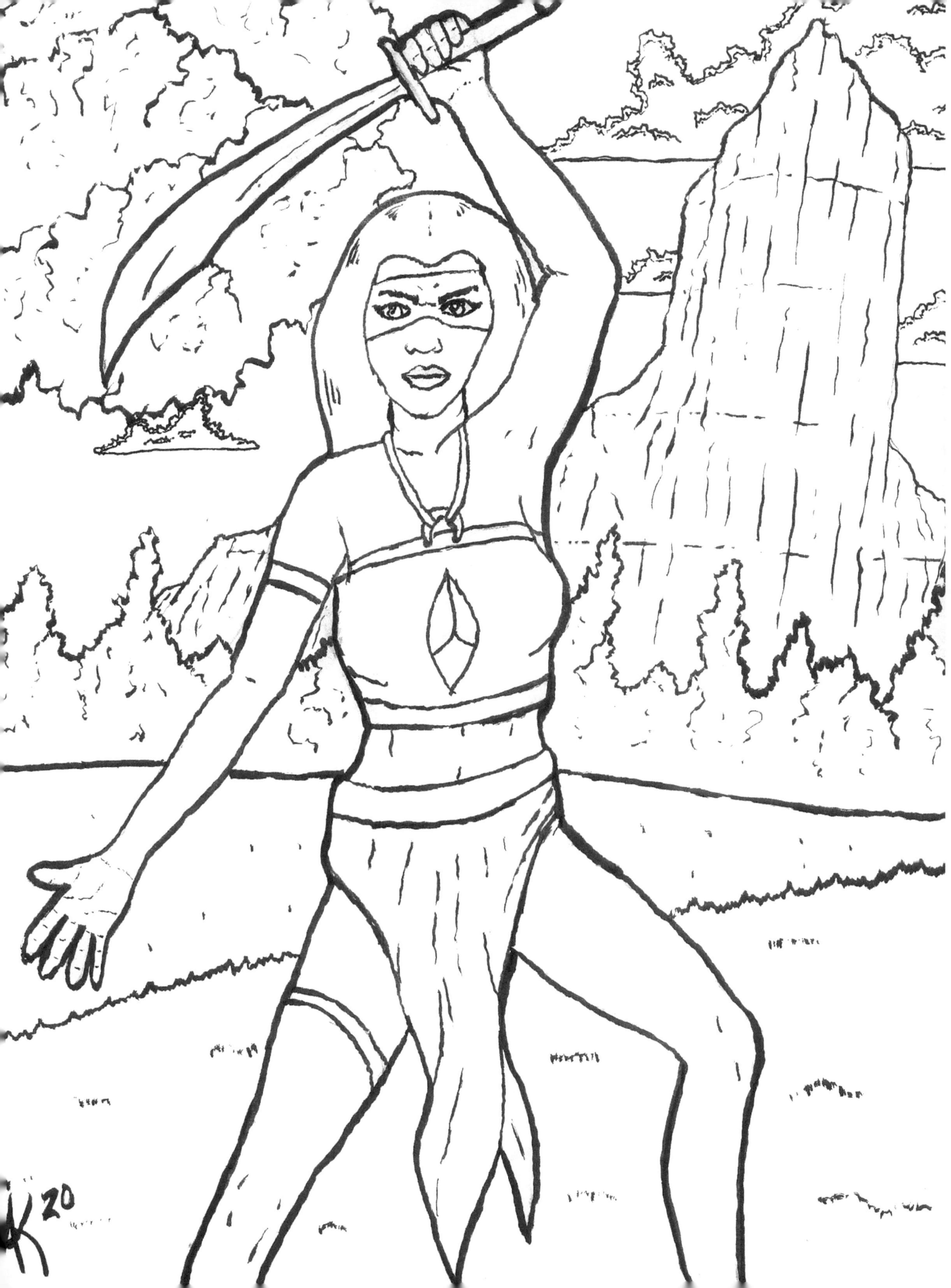

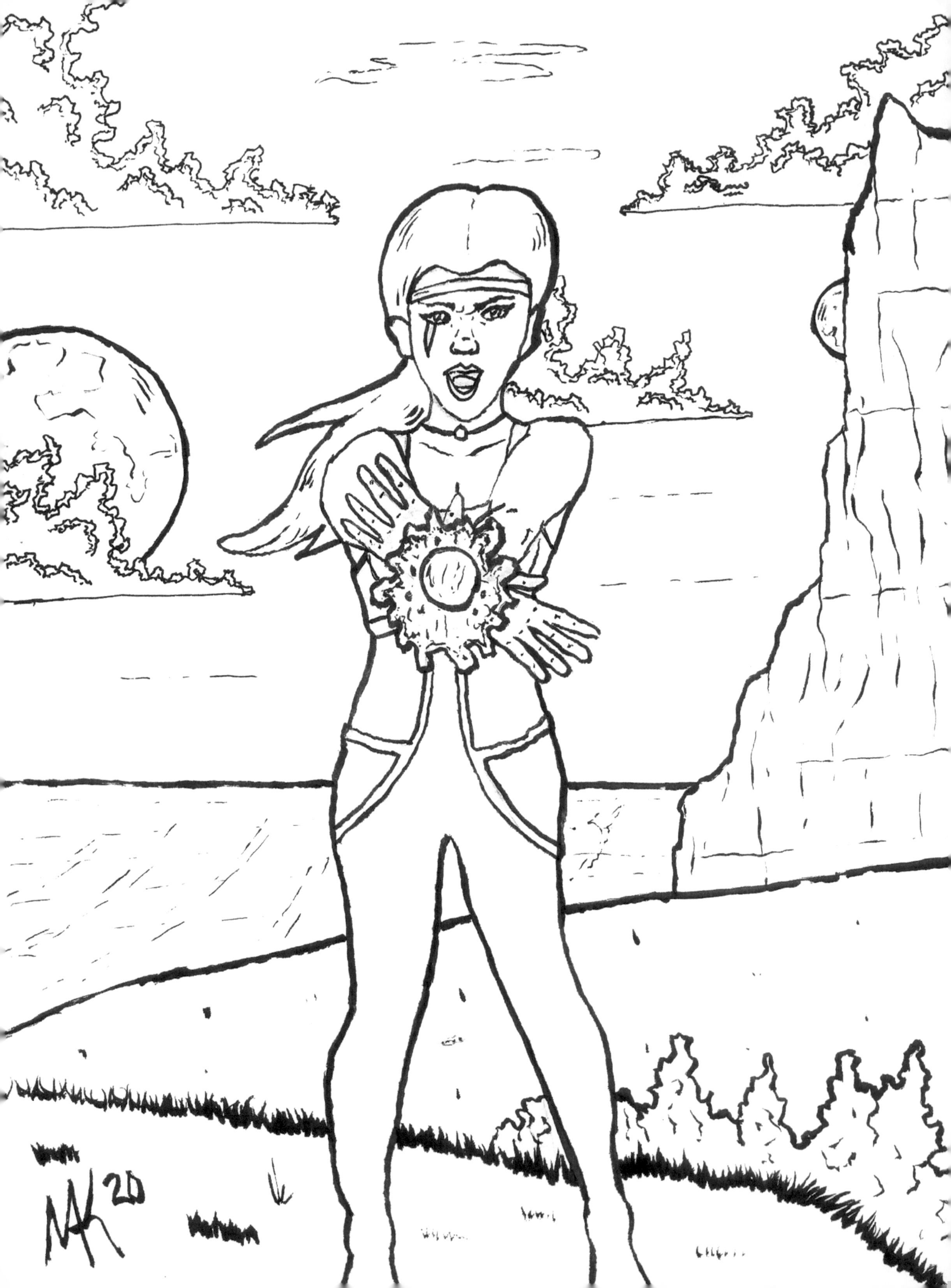

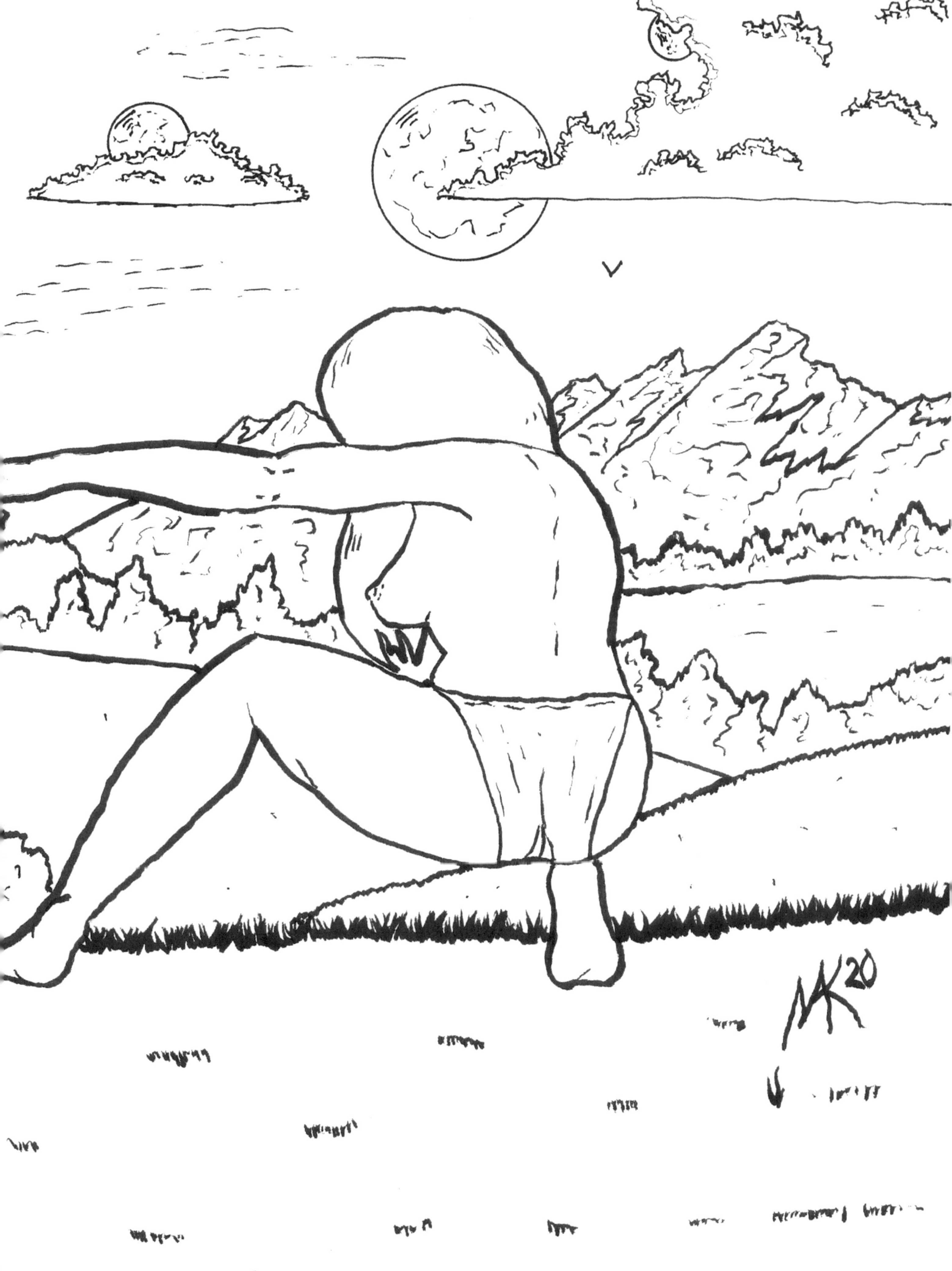

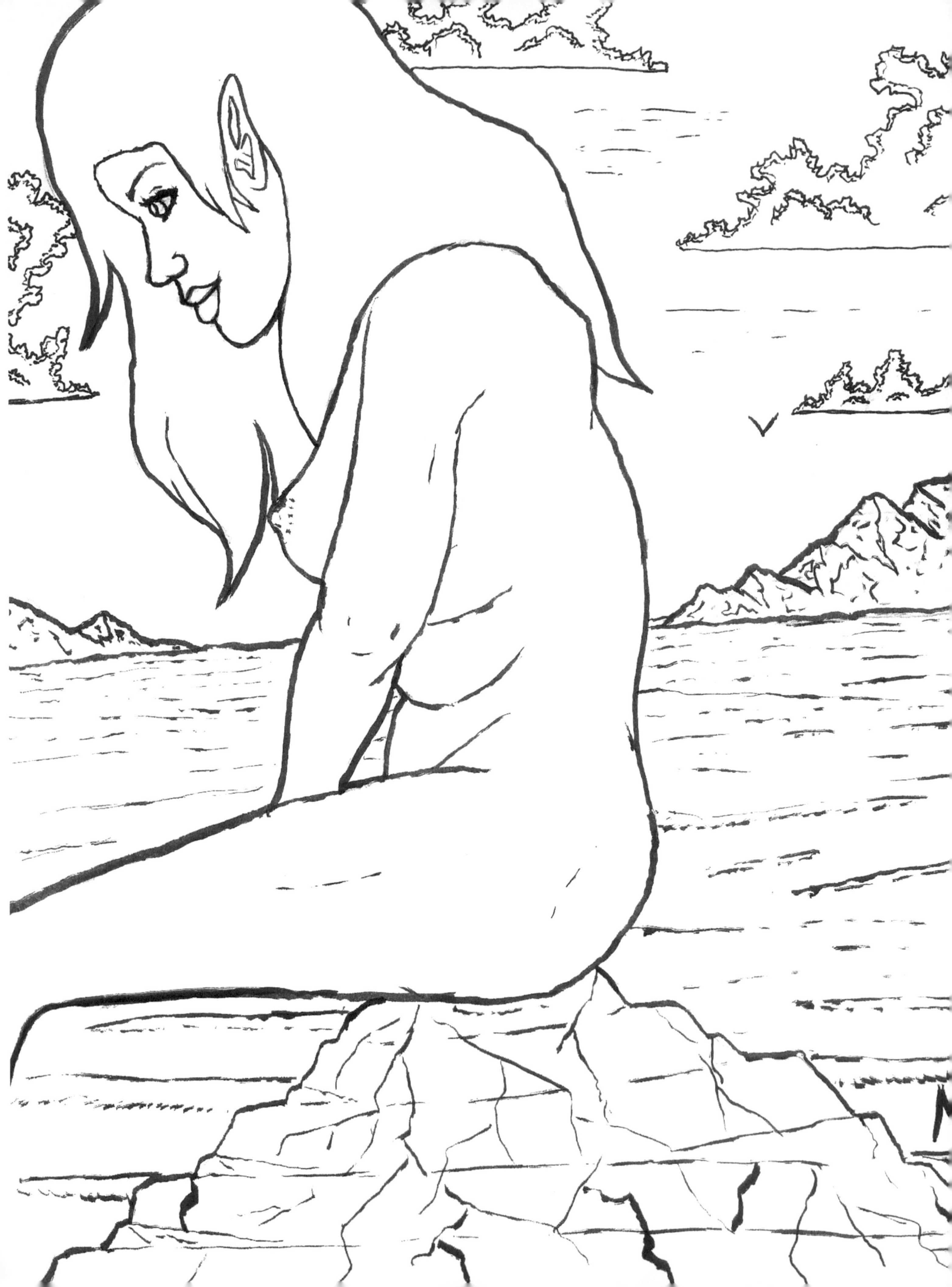

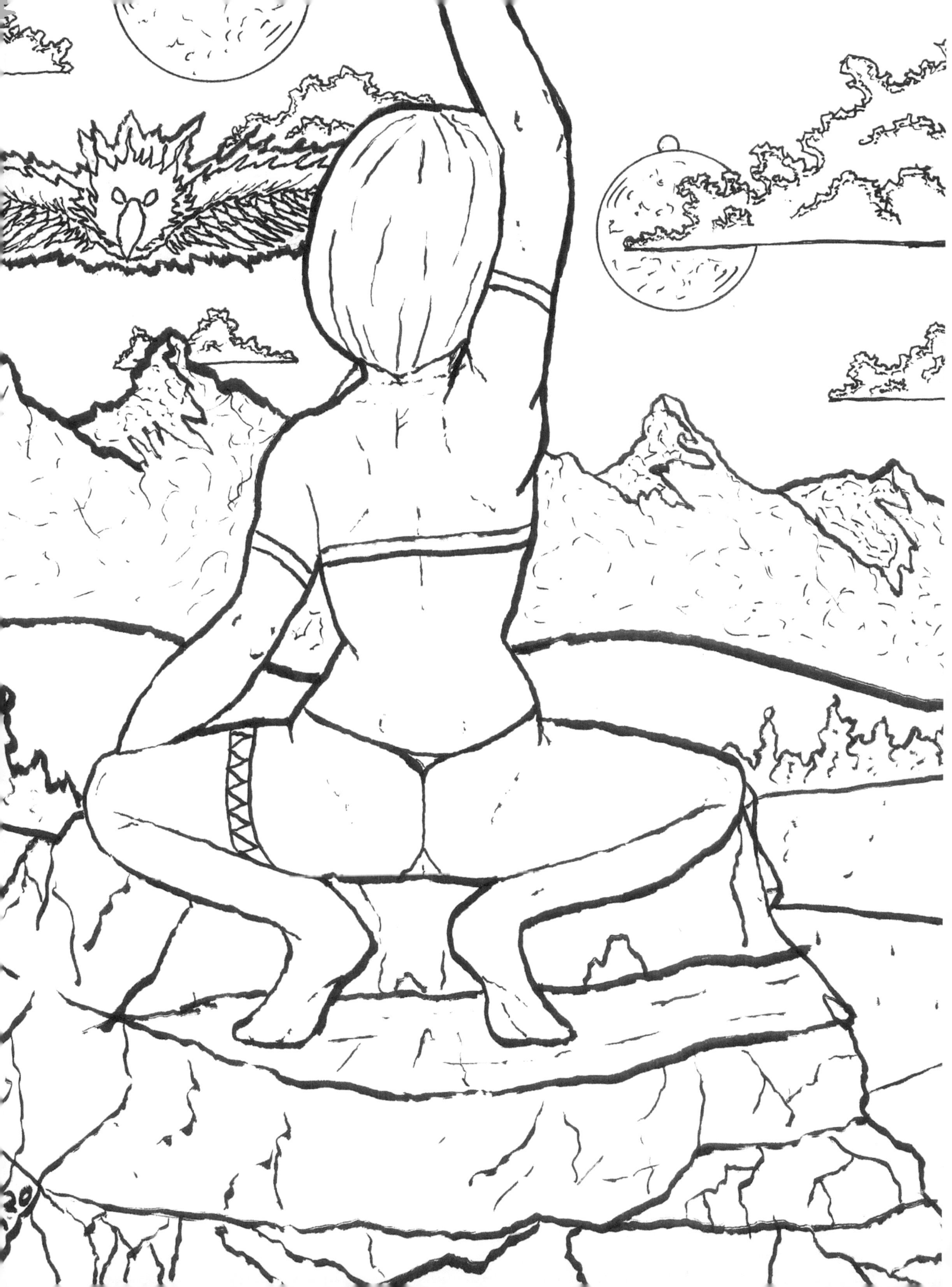

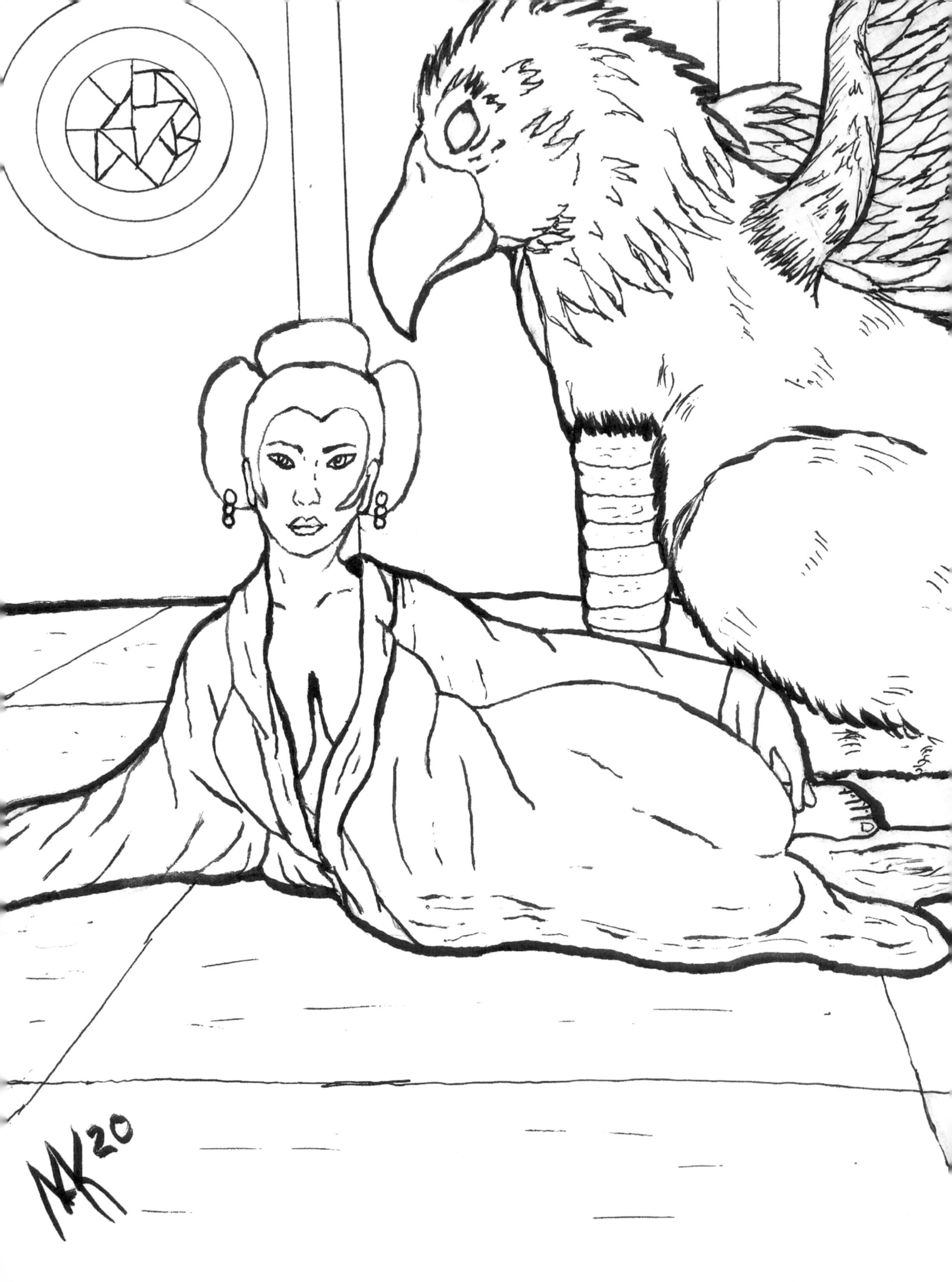

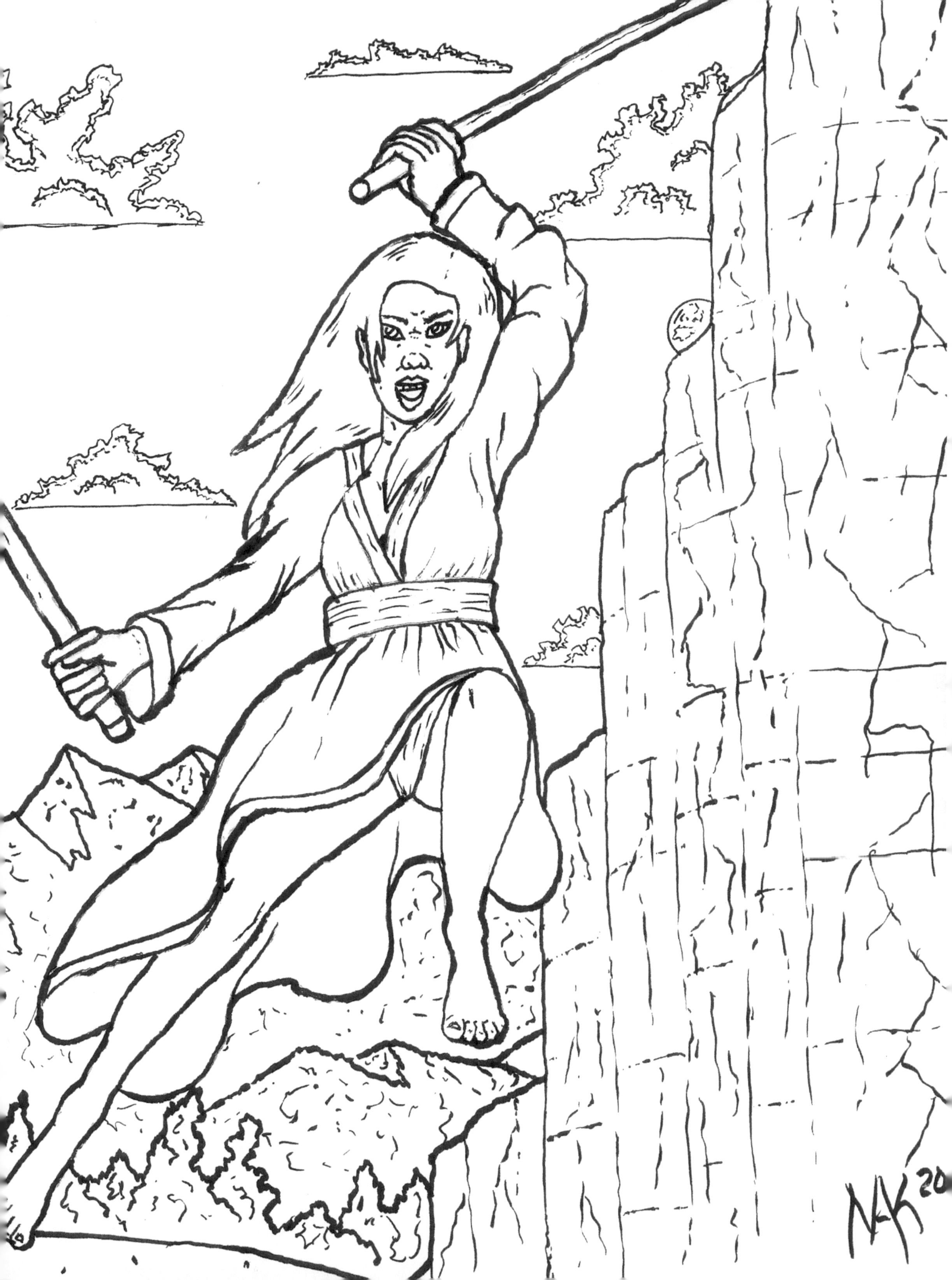

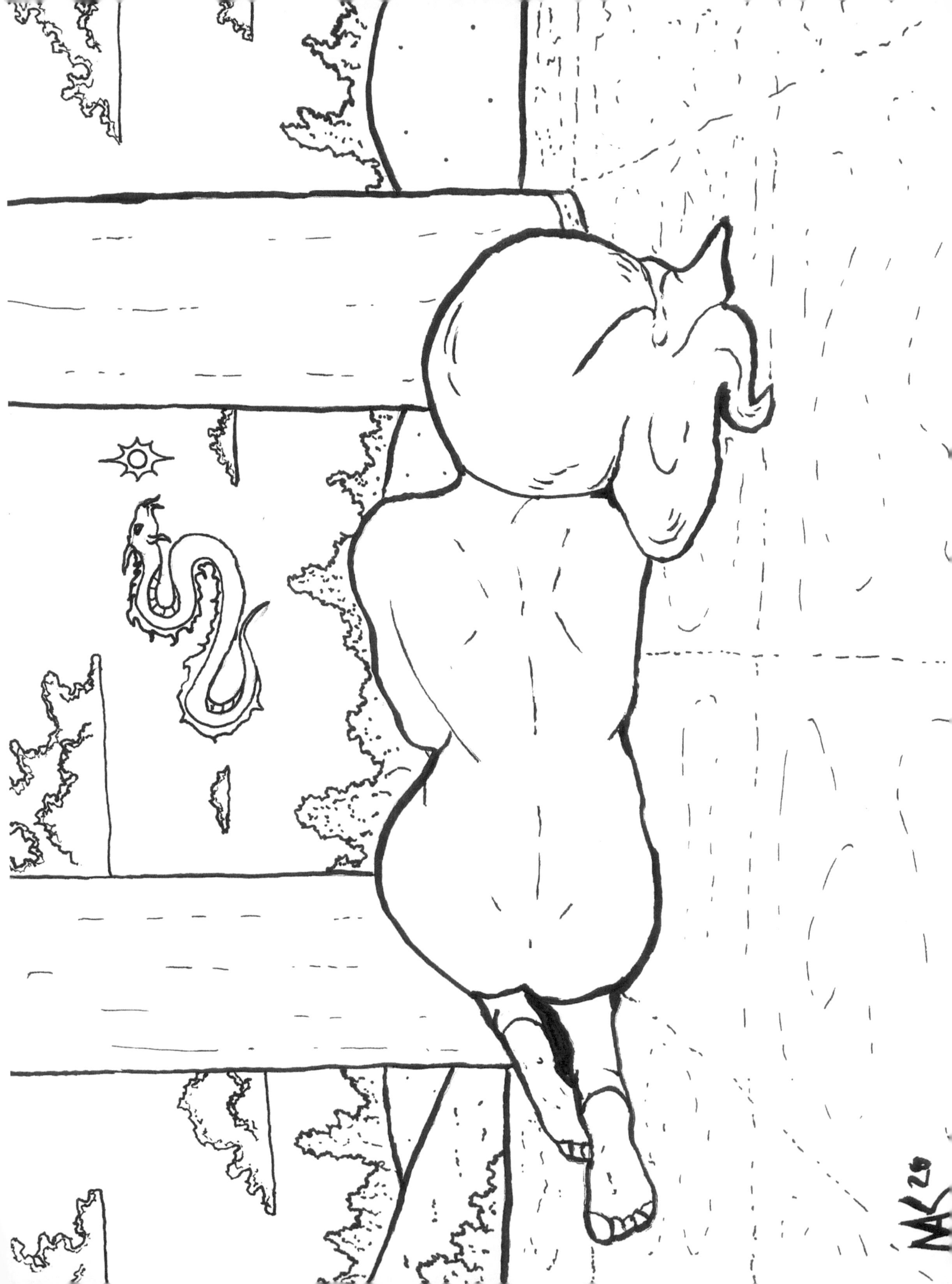

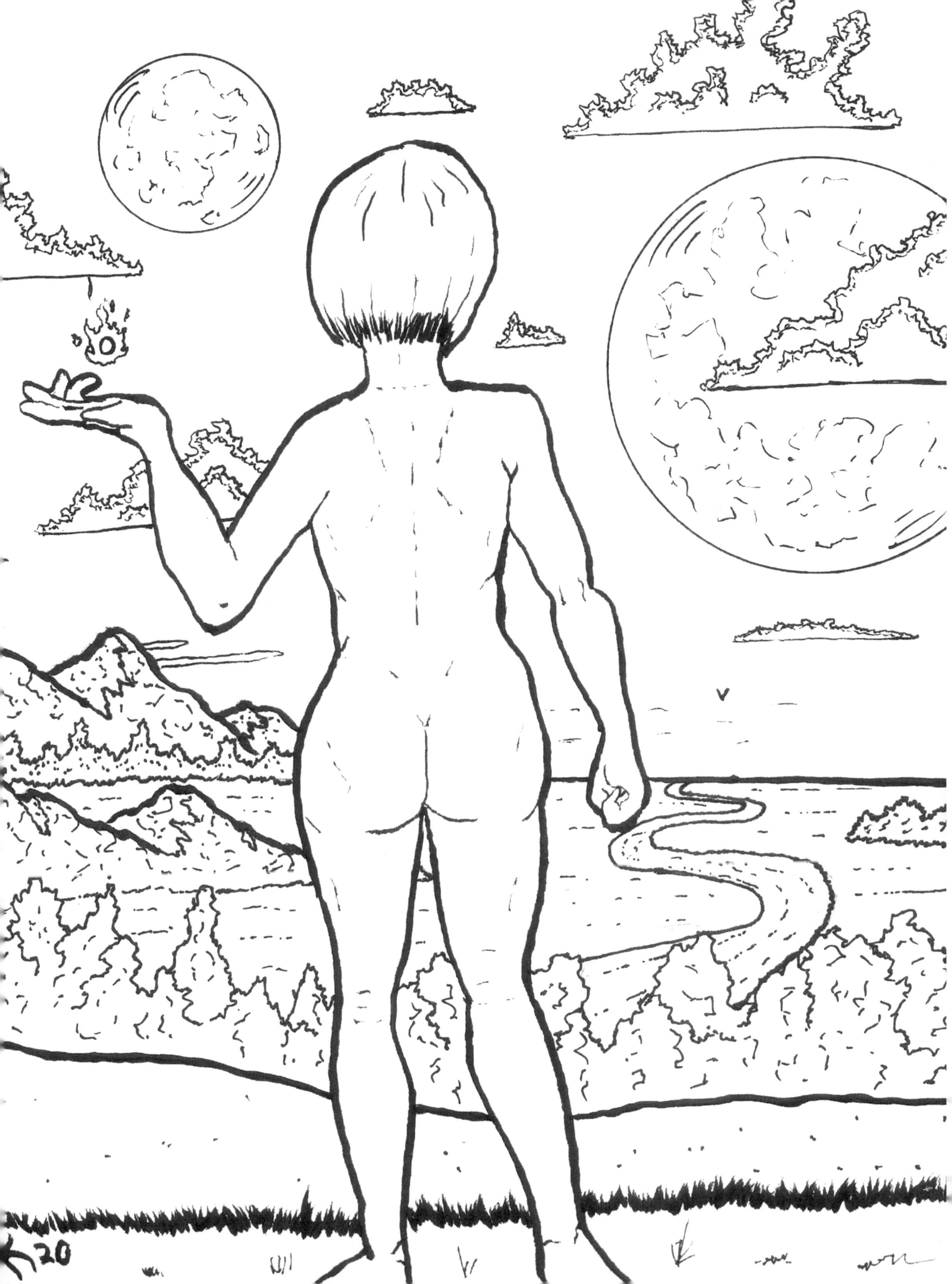

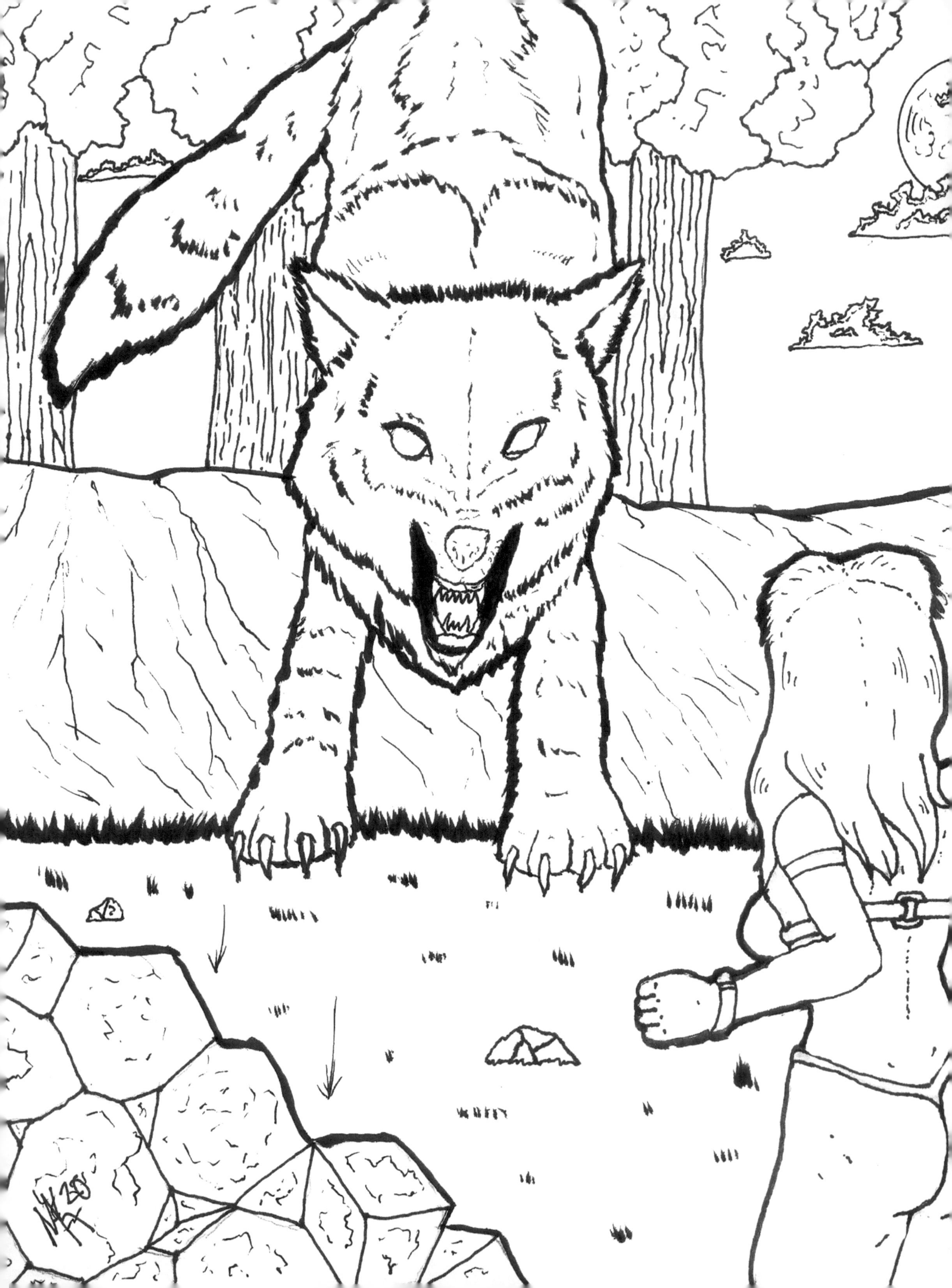